기적의
콘텐츠 영어
수업

일러두기

- 본문 곳곳에서 소개한 유튜브 채널 및 콘텐츠 구독자 수 등의 정보는 책을 편집한 2020년 9월 기준입니다.
- '바다별의 콘텐츠 영어 팁'에 수록된 QR코드에 접속하면 지자가 직접 설명하는 자세한 동영상 수업을 들을 수 있습니다.

모국어처럼 영어를 듣고 말하는 1일 1영상 보기의 힘

기적의 콘텐츠 영어 수업

✦ 이해성 지음 ✦

다산북스

인트로

안녕하세요?
유튜브에서 엄마표 영어를
가르치는 바다별입니다!

바다별에듀TV

큰아이가 초등학교에 입학했을 무렵 별생각 없이 학습지 영어를 시작했습니다. 그런데 아이가 영어 공부를 하는 모습을 옆에서 지켜볼수록 아쉬움이 쌓여갔습니다. 제가 중학교 때 처음 배우던 방식으로, 20년도 더 된 방식으로 영어를 가르치고 있었기 때문입니다. '정말 이렇게 가르쳐도 되는 걸까?' 마음속에 일렁이던 이 고민에서 당시 아홉 살이었던 큰아이와 저의 '엄마표 콘텐츠 영어' 여정이 시작되었습니다.

처음엔 그저 신기하기만 했습니다. 저의 제안에 흔쾌히 동의해준 아이가, 그리고 매일 한 편 '영어 영상 보기'와 '영어책 읽기'를 꾸준히 했을 뿐인데 어느새 아이가 영어로 세상을 이해하고 소통한다는 사실이. 그러다 나중엔 이상했습니다. 지난 수년간 여러 시행착오를 겪으며 아이와 제 삶에 받아들인 이 공부법을 아직도 많은 사람이 잘 모르고 있다는 사실이.

그래서 전하고 싶었습니다. '내가 걸었던 길을 사람들에게 알려주면 각자의 길을 걷다가 언젠가는 같은 곳에서 만나게 되지 않을까?' 우선 제가 사는 동네의 아이들과 부모들을 만나보자는 마음으로 집 안에 작은 공부방을 열었습니다. 결과는 제가 생각했던 것보다 훨씬 더 극적이었습니다. 저와 함께 완전히 새로운 방식의 엄마표 영어를 실천한 가정의 아이들은 일상에서 스스럼없이 영어를 즐기게 되었고, 불안과 초조를 이기지 못하고 다시 학원에 가거나 '콘텐츠 영어 환경 만들기'를 포기한 가정의 아이들은 계속 영어와 친구가 되지 못했습니다. 이러한 모습을 보자 더 강한 확신을 품게 되었습니다.

'내 생각에 동감해주고 함께 실천할 부모들을 직접 찾아보면 어떨까? 나처럼 기존과는 전혀 다른 영어 교육 방식을 이미 몸소 실천하고 있는 부모들을 만난다면 또 다른 길이 열리지 않을까?'

이런 생각 끝에 유튜브 채널을 개설해 영어책을 읽어주는 영상과 엄마표 영어를 강의하는 영상을 올리기 시작했습니다. 2017년 9월, 첫 강의 영상을 올렸죠.

엄마표 영어를 코칭하는 채널은 거의 없던 시절이었지만, 저와 같은 고민을 품고 있는 부모들과 진심을 다해 소통하다 보면 언젠가는 제 이야기에 공감해주리라 간절히 기대했습니다. 하나둘씩 더 많은 가정이 함께하다 보면 우리 아이들이 겪어야 할 영어 교육 환경에도 작은 변화의 불꽃이 댕겨지리라 믿었습니다.

엄마표 영어를 알리기 시작한 뒤 유튜브에 올린 영상의 수가 어느덧 500개를 넘었습니다. 그동안 제게 보내주신 관심과 성원에 얼마나 감사한지 모릅니다. 제 영상을 보곤 '모국어 습득 방식의 엄마표 콘텐츠 영어'라는 개념을 처음 알게 됐다는 분도 있었고, 아이들이 어느 순간 집 안에서 영어로 듣고 말하게 되었다는 분도 있었습니다.

『기적의 콘텐츠 영어 수업』의 집필을 마무리하며 스스로에게 이런 질문을 던졌습니다.

나는 대체 무엇 때문에 이렇게 얼굴을 드러내 영상을 찍고,
'콘텐츠 영어'의 가치를 알리려 이토록 애썼던 걸까?

하루 중 제가 가장 행복한 순간이 언제인지 떠올려봤습니다. 내가 읽어주는 책을 초롱초롱한 눈망울로 귀 기울여 듣는 아이를 바라볼 때, 엄마의 작은 억양 변화에도 까르르 웃으며 즐거워하는 아이를 바라볼 때, 내가 읽어주지 않아도 스스로 영어책을 들고 방으로 들어가 시간 가는 줄 모르고 영어와 노는 아이의 뒷모습을 바라볼 때…

제가 유튜브를 시작한 이유는 아이의 영어 때문에 고민하는 모든 부모에게 제가 느낀 행복을 전하고 싶었기 때문입니다. 이 책을 읽을 독자 여러분도 제가 경험했던 엄마표 콘텐츠 영어의 기적을 만끽하시길 진심으로 기원합니다.

"바다별 선생님을 만나고
'엄마라는 욕심'을 내려놨습니다."

– 휘안 님

✦

초등학교 4학년, 2학년 아이를 두고 있는 엄마입니다. 매달 60만 원을 들여 어학원에 보냈지만 아이는 좀처럼 영어와 친해지지 못했습니다. 이러다 아이들이 학원 숙제 때문에 영어를 영영 싫어하게 될 수도 있겠다는 생각이 들어 어학원을 그만두게 하고 엄마표 영어를 시작했습니다.

제가 워낙 완벽주의 성향이 강해서 초반부터 강하게 아이들을 다그쳤습니다. '하루 3시간 이상 영어 노출'이라는 원칙을 세워놓고 '흘려 듣기', '집중 듣기', '원서 읽기' 등을 시키며 채찍질했죠. 이렇게 한두 달 진행하니 깨달았습니다. 아이들이 저와 함께하는 엄마표 영어를 전혀 즐거워하지 않는다는 것을요. 바로 그때 바다별에듀TV를 만났습니다. 솔직히 말하자면 그동안 저는 겉으로는 아이들이 영어를 진정으로 즐기면 좋겠다고 했지만 속으로는 오직 아이들이 다른 집 아이들만큼 영어를 잘하기를 바랐습니다.

하지만 바다별 선생님의 영상을 꼼꼼히 살펴보며 저는 비로소 '엄마로서의 욕심'을 내려놓게 되었습니다. 아이들을 다그치지 않아도 생활에서 자연스럽게 영어를 만나는 일상이 되었기 때문이죠. 저는 그저 아이들에게 가끔 "리틀팍스 30분 더 볼래?", "영어책 한 권 더 읽을래?" 정도만 이야기합니다.

'엄마가 주도하는 영어'가 아니라 '아이가 즐기는 영어'로 사고방식을 전환시켜 준 바다별 선생님께 정말 감사드립니다.

"이제 더 이상 아이들과 영어 때문에 싸우지 않아요."

– 개경 님

✦

12살, 10살, 8살 세 딸아이를 가르친다는 게 만만치 않았습니다. 학원비를 감당하기는 어려워 부랴부랴 엄마표 영어로 방향을 잡았지요. 첫 1~2년은 어떻게 아이들과 영어를 했는지 그야말로 정신이 없었습니다. 주위 또래들은 학원에서 문법이며 단어며 분주하게 실력을 쌓았는데 우리 큰아이는 집에서 뒤처지는 건 아닌지 너무나 혼란스러웠습니다.

엄마표 영어를 하시는 분들은 잘 아실 겁니다. 불안과 초조가 시시때때로 엄마 마음을 뒤흔들어놓는다는 것을요. 저 역시 마찬가지였습니다. 멘토가 꼭 필요했어요. 잘하고 있다고, 그렇게 해도 괜찮다는 말을 듣고 싶었습니다. 아이들에게 꼭 맞는 구체적인 방법을 찾고 싶었습니다. 그렇게 저는 용기를 내어 코칭 상담을 통해 바다별 선생님을 직접 만났습니다. 그리고 바로 그 순간이 제 엄마표 영어 여정의 터닝포인트가 되었습니다. 아이들의 학습 상태를 보시곤 우리 아이들 모두 영어에 거부감이 없단 말씀을 해주셨는데 그 말이 어찌나 위로가 되던지요.

바다별 선생님의 코칭을 받고 저는 문법과 영어 문제집에 대한 집착을 내려놓았습니다. 엄마 눈치 보느라 억지로 문제집을 풀던 아이들은 이제 영어를 진정으로 즐기기 시작했습니다. 저 또한 아이들의 진도를 체크하고 정답을 채점하는 스트레스에서 해방되었고요. 아직 엄마표 영어 고수님들에 비하면 한참 모자라지만, 그럼에도 지금 우리 아이들의 영어 실력이 너무나 자랑스럽습니다. 알파벳도 모르는 8살 꼬맹이가 "마미, 아임 헝그리!"라고 말할 때마다 남모를 뿌듯함을 느낍니다.

아직도 불안과 확신 사이에서 갈팡질팡하고 계신가요? 그렇다면 꼭 바다별 선생님을 만나보세요. 자기만의 속도로, 즐겁고 행복하게 영어하는 아이들의 모습을 발견하게 되실 거예요.

"아이가 영어로 술술 말하는 걸 지켜보니까 저도 모르게 그냥 기분이 좋아지더라고요."

– 사라비 님

✦

안녕하세요, 초등학교 2학년 남자아이의 엄마입니다. 영어 영상을 보여주기 시작한 건 아이가 7살일 때부터였습니다. 영어 영상 보기와 영어책 읽기에서 시작해 차츰 소리 내어 읽기, 소리 들으며 읽기, 단어를 찾아 예문 읽어보기 등 점점 다양한 활동으로 늘려갔죠. 물론 강요하기보다는 아이가 즐길 수 있도록, 바다별 선생님의 가르침을 마음에 새기며 공부하고 있습니다.

그 흔하다는 학습지조차 해본 적이 없어서 초등학교 입학을 앞두고는 어학원을 한번 보내볼까 고민이 되긴 하더라고요. 그때 한 어학원에서 레벨 테스트를 했는데 기대했던 것보다 훨씬 좋은 결과가 나와서 놀랐던 기억이 납니다. '엄마표 영어로도 충분히 가능하구나!' 이 레벨 테스트 결과를 보고, 오히려 지금까지 해왔던 대로 계속 엄마표 영어를 해도 되겠다는 믿음이 생겼습니다.

최근에는 아이가 영어로 말하는 빈도가 눈에 띄게 잦아졌습니다. 그동안 쌓아온 아이의 영어 잠재력이 폭발하는 것이 하루가 다르게 느껴져요. 아이가 영어로 말하는 걸 지켜보니 그냥 기분이 좋아지더라고요. 바다별 선생님을 믿고 앞으로도 꾸준히 해보려 합니다.

엄마표 영어에서 가장 어려운 건 '꾸준함'이라고들 합니다. 직접 2년 반 동안 엄마표 영어를 해보니 그 말에 깊이 공감을 하게 되더라고요. 하지만 동시에 그 '꾸준함'이 유일한 해답이라는 것 역시 절감합니다. 그래서 앞으로도 아이가 즐겁게 영어 공부를 할 수 있도록, 부족한 점을 질책하기보다는 잘하는 점을 칭찬해주는 엄마가 되고자 합니다. 그래야 이 꾸준함을 지속할 수 있을 테니까요.

"선생님의 영상을 밤새워 정주행하고 결심했습니다. '그래, 이거다!'"

– 마시멜로 님

✦

아이가 초등학교 5학년 때 처음으로 엄마표 영어를 시작했습니다. 당장 중학교 진학을 눈앞에 두고서야 발등에 불이 떨어진 것처럼 초조했습니다. 처음에는 저조차도 '너무 늦었다'고 생각했죠. 그런데 1년이 지난 지금, 돌아보면 어떤 생각이 드는지 아시나요? 늦긴요, 마음먹은 바로 그때가 시작하기에 제일 좋은 시기입니다.

아이가 스스로 영어에 부족함을 느끼고 위축되어 갈 때쯤, 바다별 선생님의 엄마표 영어 유튜브 계정을 알게 되었습니다. 그리고 수십 개나 되는 영상을 밤새워 정주행한 날 결심했습니다. '그래, 이거다!'

선생님의 유튜브를 보며 제 나름대로의 원칙을 세우고 하루도 빠짐없이 매일 실천하자 지금은 꽤 어려운 챕터북의 집중 듣기도 거뜬히 하고 있습니다. 영어 문장 두세 줄 읽는 것도 어려워하던 아이가 1년 만에 챕터북을 읽게 되니 기분이 날아갈 것만 같았습니다. 학원을 이곳저곳 옮겨 다녀도 파닉스를 갓 뗀 수준에서 벗어날 줄 몰랐던 아이는, 바다별 선생님을 만난 날로부터 딱 1년 만에 혼자서 영어 그림책을 통독할 수 있는 아이가 되었죠.

'고학년에도 엄마표 영어가 통할까?' 이런 마음이 들 때도 있었지만 선생님이 올려준 '고학년 때 시작할 때의 장점'이라는 영상을 보며 마음을 다잡았습니다. 앞으로 대입까지 남은 6년도 원서와 문법을 병행하며 바다별 원장님과 함께 전진할 생각입니다.

내 아이의 잠재력을 세상이 정해놓은 시기와 잣대에 가둬두지 마세요. 당장이 아니라 10년 후, 20년 후를 생각한다면 지금도 늦지 않았습니다. 아이가 마음껏 자랄 토양만 잘 다져준다면, 아이는 그곳에서 풍성한 열매를 맺게 될 것입니다. 그러니, 절대 포기하지 마세요.

영어는 첫 단추가 전부입니다

"선생님, 아이가 갑자기 영어를 그만두겠대요"

이 책은 어떻게 하면 아이들이 영어를 일상의 언어처럼 받아들여 평생의 친구로 사귈 수 있을지 고민하는 책이다. '어떻게 하면 아이를 부모인 내 기준에 맞게 끌어올릴 수 있는지'가 아니라 '어떻게 하면 내가 더 낮아질 수 있는지' 그리고 '어떻게 하면 아이의 손을 끝까지 놓치지 않고 영어라는 목적지에 다다를 수 있을지'를 궁극적인 목표로 삼는다. 만약 지금 당장 아이가 영어책을 술술 읽을 수 있거나 하루에 영어 단어를 100개씩 외울 수 있는 방법을 알고 싶은 사람이라면 이 책은 큰 도움이 되지 않을 것이다.

많은 부모가 아이를 남들보다 더 빨리 영어라는 골인 지점에 통과시키기 위해 골몰한다. 반복 암기와 교재 수업에만 강박적으로 매달리다 보니 수많은 아이가 그 누구보다 성실한 '영어 단거리 선수'로 자라나지만, 성적이라는 목적지를 지나치는 순간 영어에 대한 흥미와 동기는 차갑게 식어버리고 결국 영어를 세상에서 가장 재미없고 지긋지긋한 존재로 인식하게 된다. 영어의 비극은 이렇게 시작된다. 그리고 이 비극의 씨앗은 그 누구도 아닌 부모가 아이 마음속에 심어준 것이다.

처음에는 아이들도 부모가 자신을 좋은 방향으로 이끌어준다고 믿어 선뜻 따르지만, 수개월 혹은 수년이 지나면 아이들은 짙어지는 사춘기에 휩싸여 금세 학습에 대한 의욕을 잃고 방황하기 시작한다. 하지만 자신을 위해 그 많은 비용을 감당하는 부모의 노고를 알기에 불만을 쉽게 표현하지는 못한다. 부모도 아이의 태도 변화를 눈치채지만 조금만 시간이 지나면 원래의 자리로 되돌아올 것이라고 모르는 척하며 열차에서 쉬이 내려오지 못한다. 엄마는 불안해서 공부시키고 아이는 미안해서 억지로 따라간다. 이 위태로운 동상이몽은 결국 아이가 느닷없이 한순간에 영어를 놓아버리는 파국으로 이어진다. 아이 마음속에 잠자고 있던 가장 무서운 말이 입 밖으로 튀어나오는 것이다.

"엄마, 저 이제 영어 공부하기 싫어요."

나는 영어 교습소와 유튜브 채널을 동시에 운영하며, 영어의 '영' 자만 꺼내도 질색하는 아이 때문에 하루에도 수십 번씩 흔들리는 부모를 수없이 만났다.

"대체 우리 아이의 영어를 어떻게 해야 할까요?"

모든 부모는 내 아이가 언젠가는 유창한 영어를 하게 되리라고 믿는다. 무언가를 믿는다는 것은 열정과 끈기를 낳는 중요한 삶의 덕목이다. 의욕적인 삶을 유지하고 도전 앞에서 용기를 내게 한다. 특히 공교육과 사교육에 과도하게 의존하지 않는 엄마표 영어에서 아이와 부모 자신에 대한 믿음은 그 어떤 가치보다 귀하다. 하지만 그 '믿음'이 살짝만 틀어지면 '불안'이 되고 그 불안이 지속되면 '집착'이 되고만다.

"영어와 친구가 되는 법부터 알려주세요"

아이가 초등학교에 입학하거나 본격적으로 영어 교육이 시작되는 3학년에 올라가면 부모들은 마치 당장 입시라도 치르는 듯 잔뜩 겁을 먹는다. 학원과 각종 교육 업체의 광고는 이런 부모들의 마음을 자꾸 뒤흔든다. 그러나 실제 초등학생 아이에게 필요한 영어 교육은 일상에서의 자연스러운 영어 노출만으로도 충분하다.

12년간 혹은 그 이상 학업이라는 마라톤을 달리는 아이들의 '마음 컨디션'을 생각해보자. 처음부터 전력 질주하는 마라토너는 없다. 전체 경로를 조망하고 어느 지점에서 전속력으로 달려야 할지 미리 정하고 그전까지는 천천히 페이스를 조절한다.

아동기는 인간의 지능 발달 과정에서 가장 중요한 시기다. 타인과의 집단생활을 난생처음 시작하며 인성과 사회성을 쌓을 기초를 다진다. 따라서 초등학교 6학년까지는 아이에게 너무 많은 학습량을 요구해선 안 된다. 본격적으로 혼자서 공부하게 될 청소년기가 시작도 하기 전에 힘을 다 써버린다면 아이는 마라톤 완주는커녕 출발선에서 나가떨어질 것이다.

이 책은 전문적인 영어 교육 이론서가 아니다. 어려서부터 '영어 학습'에만 골몰하다가 결국 '영어 트라우마'를 겪어 행복한 영어와 멀어진 아이와 부모에게 보내는 편지에 가깝다. 나는 아이도 부모도 끝없이 고통만 당하다 결국 둘 다 포기하고 마는 한국의 영어 교육 현실에 작게나마 균열을 내고자 이 책을 썼다. 자유롭게 쓰고 말하는 영어는 유학을 보내거나 고가의 영어 학원을 통해서만 배울 수 있다고 생각하는 부모들에게 좀 더 현실적인 대안을 제안하고 싶었다.

적어도 지금까지 내가 가르친 아이들 중에서 영어를 끔찍하고 의미 없는 과목이라고 여긴 아이는 한 명도 없었다. 아이들의 흥미와 자율성이 먼저였기 때문이다. 학원 등 교육 업체에서 규정하는 레벨에 상관없이 그저 아이들이 좋아하는 '영어 콘텐츠'를 적재적소에 배치해줬고, 아이들은 매번 즐겁게 따라왔다. 여기서 영어 콘텐츠란 활자로 된 영어책 콘텐츠과 영어 영상 콘텐츠를 모두 아우르는 말이다.

영어를 시험 과목이나 딱딱한 활자로 접하지 않고 다양한 '콘텐츠'로 접한 아이들은 굳이 낮은 단계부터 차곡차곡 올라가지 않아도 자기가 좋아하는 영어 콘텐츠를 만나면 금세 빠져들고 성장했다. 콘텐츠를 즐기는 데 수준이나 학년은 큰 문제가 되지 않았다. 때로는 두꺼운 영어 소설을 읽다가도 예전에 읽었던 그림책이 생각나면 집어 들어 즐겁게 낭독하기도 했고, '리더스북'(읽기 수준에 따라 레벨이 나뉘어 있는 영어 그림책)을 읽다가도 새로운 '챕터북'(여러 개의 챕터로 구성된 짧은 소설)을 접하면 집에 가져가 별 거부감 없이 즐겼다. 내가 한 일이라곤 그저 아이들 주변에 영어 콘텐츠가 사라지지 않도록 꾸준히 마련해준 것뿐이다. 그래서 엄마표 콘텐츠 영어에는 '늦은 나이'도 없고 '이른 나이'도 없다.

이제 성인이 된 내 딸 역시 어린 시절 즐기던 책이나 영상 콘텐츠를 우연히 보게 되면 그 시절을 떠올리며 나와 행복한 추억을 나누기도 한다. '이 나이에는 이걸 봐야 하고, 저 나이에는 이걸 읽어야 한다'는 강박이 없었기에, 내 딸과 아이들은 저마다의 방식으로 자유롭고 즐겁게 영어를 공부했다.

"이제 영어는 덤이고, 아이와 행복한 추억을 만드는 게 진짜 목적입니다"

그렇다면 내 아이에게 딱 맞는 영어 콘텐츠를 어디에서 어떻게 찾아야 할까? 아이가 영어를 공부해야 할 과목이 아니라 세계인과 소통하는 하나의 언어이자 문화로 받아들이게 하려면 어떤 콘텐츠를 소개해줘야 할까? 나는 그 열쇠를 '유튜브'라는 드넓은 바다에서 찾았다(이 책에서는 그동안 엄마표 영어 관련 도서가 말해온 콘텐츠 영어의 한 축인 영어책에 대한 정보는 간략하게만 다뤘다).

그동안 어렸을 때부터 영상물에 빠지면 위험할 것이라는 막연한 불안감이 오히려 아이의 영어를 불완전한 반쪽짜리 언어로 만들었다. 하지만 유튜브에 잠자고 있는 보물 같은 영어 영상 콘텐츠의 힘을 기존의 영어책 콘텐츠와 결합해 온 집 안을 영어로 가득 채워준다면 아이는 일상에서 자연스럽게 영어를 만끽할 것이다. 이런 단순한 방법을 놔두고 왜 굳이 큰돈을 들이고 아이를 다그치며 영어를 공부시키려는 걸까?

이미 시중에는 엄마표 영어에 관한 수많은 책이 나와 있다. 그러한 책들을 읽어오며 수많은 시행착오를 거친 끝에 나와 아이에게 딱 맞는 영어 습득 방법을 찾아냈다. 엄마표 영어에 관해 다양한 고민을 품고 있는 부모들과 온·오프라인에서 소통해오다 보니 그런 우여곡절을 겪은 것이 내 이야기만은 아니었음을 알게 됐다. 나는 이미 엄마표 영어를 실천한 부모와 아이들의 기적 같은 이야기들을 이제 막 엄마표 영어를 시작한 가정과 경험적으로 연결하는 '링커Linker'의 역할을 자처하고자 한다.

이 책에는 내가 지난 10여 년간 직접 경험하고 다양한 책을 통해 공부한 엄마표 영어 지식과, 교습소에서 아이들을 가르치며 겪은 실전 경험이 담겨 있다. 누구에게나 똑같이 적용되는 완벽한 정답은 없다. 비효율적인 공교육과 따라잡기 힘든 사교육을 넘어, 아이 스스로 영어를 즐기는 길을 찾는 데 이 책이 조금이나마 참고가 되기를 바란다. 이제 아이의 흥미와 눈높이에 딱 맞는 보석 같은 영어 콘텐츠를 찾아내 오직 내 아이만을 위한 이 세상에 하나뿐인 콘텐츠 영어 커리큘럼을 설계해보자.

PART 1

잠든 '영어 머리'를 깨우는 '영어효능감'의 비밀

"영어를 정복한 자신감은 평생 아이의 지적 자산이 된다."

옆집 아이는 벌써 단어 100개를 외웠다던데
며칠 공부하면 될 내용을 왜 1년 내내 붙잡고 있어야 할까?
'지금까지 내가 알던 영어는 영어가 아니었구나!'

귀가 열리자 입이 열리기 시작했다
"사실 저는 집에서 아이와 영어 공부해요"
아이를 학원에만 보냈다면 이런 즐거움을 누렸을까?
아이가 싫어하는 방법으로는 아이를 변화시킬 수 없다

"엄마, 저 이제 외국인과 대화해보고 싶어요!"
'내가 예전엔 이렇게 쉬운 걸 읽었구나!'
3년의 약속, 그 결과는?
"엄마, 전 참 복 받은 것 같아요"

2교시   준비 운동 | 아이의 영어 인생을 떠받칠 4개의 기둥

첫 번째 기둥: 영어효능감
영어 습득에 늦은 때란 없다
목표가 '영어 완전 학습'인가요?
아이의 영어 자존감이 폭발하던 순간
아이 스스로 필요를 느끼는 순간이 영어를 배워야 할 때
잠든 '영어 머리'를 깨우는 '영어효능감'의 비밀

PART 2

✦

모국어처럼 듣고 말하는 엄마표 콘텐츠 영어의 힘

"아이의 영어 실력은 집에서 자란다."

PART 3

아이가 꿈속에서 영어로 말하는 1일 1영상 보기의 기적

"엄마, 영어 유튜브 보여주세요!"

5교시 **심화편 | 전방위 콘텐츠로 영어 가지고 놀기**

PART 1

잠든 '영어 머리'를 깨우는 '영어효능감'의 비밀

"영어를 정복한 자신감은
평생 아이의 지적 자산이 된다."

3년의 약속

'엄마표 콘텐츠 영어'를 선언하다

✦

One wise parent is better than a hundred teachers.
한 명의 현명한 부모는 백 명의 교사보다 낫다.
– 요한 헤르바르트

정말 이렇게
가르쳐도 되는 걸까?

영어는커녕 하루도 벅찼다

조리원에서 머물던 시간을 떠올려본다. 꼬물거리는 배냇짓만 봐도 신기하고 행복했던 순간들. 내 젖을 물지 않고서는 살아갈 수 없을 작은 생명체.

'내가 과연 잘 키울 수 있을까?'

두려움이 앞섰지만, 힘찬 발짓으로 살아 있다고 신호를 보내는 아이의 생명력이 그저 경이롭고 행복했다.

아이가 태어난 뒤 2개월의 출산 휴가를 마치자마자 직장에 복귀했다. 일하는 동안에도 마음 한구석이 늘 불편했다. 이렇게 사랑스러운 아이를 집에 두고 출근해야 한다니. 아이를 내 손으로 직접 키우지 못한다는 현실이 원망스럽고 속상했다. 하지만 그런 마음이 들 때마다 어서 퇴근해 아이와 시간을 보내는 데 최선을 다해야겠다는 마음으로 더 열심히 일했다.

물론 현실은 만만치 않았다. 퇴근해 아이에게 저녁을 부지런히 챙겨 먹이고, 뒤돌아서면 몰려오는 피로를 간신히 뿌리치고서는 아이와 살을 비비며 종일 못다 한 정을 나누었다. 늦게 퇴근하는 남편을 기다리며 아이와 스킨십을 나누는 그 잠깐의 쉼만이 하루 중 유일하게 누릴 수 있는 잠깐의 보상이었다.

생후 3년이 부모와 아이 간에 애착이 형성되고 아이의 정서 발달에 가장 중요한 시기라고 배웠기에 집 안에서는 남편과의 작은 다툼조차 줄여보려 애썼다. 육아와 생계를 동시에 책임진다는 게 이토록 무거운 일인지 몰랐다. 게다가 아이는 유독 잔병치레가 잦아서 병원에 데리고 오가던 기억이 가슴 아프게 선명하다. 감기와 비염은 늘 달고 살았고 중이염에 폐렴까지, 갖은 호흡기 질환으로 병원을 오가는 날이 그저 일상이었다. 하지만 뒤돌아보니 이 시기는 인내와 끈기라는 덕목을 온몸으로 부딪치며 배운 소중한 시간이었다.

아픈 딸아이에게 약봉지를 넣은 가방을 들린 채 놀이방 선생님께 맡길 때면 속상해서 마음이 쓰라렸다. 가기 싫다고 우는 모습을 보이면 제 어미가 속상해 한다는 것을 알기라도 하는 것처럼 씩씩하게 인사하고 들어가는 아이의 뒷모습이 장해서 눈물이 핑 돌았다.

상황이 이렇다 보니 교육은커녕 그저 건강하게 자라주기만을 바랐다. 아이의 앞날에 영어가 걸림돌이 되면 안 된다고 생각한 적은 있지만, 아직 우리말도 서툰 아이에게 벌써 외국어를 가르치느라 아이와 나의 에너지를 쏟아부을 필요는 없다고 믿었다.

그러나 '그저 건강하게만 자라다오'라는 마음은 아이의 잔병치레가 잦아들자 점차 교육에 대한 욕심으로 바뀌어갔고, 종종 회사 동료에게 자녀 교육에 관한 조언을 듣게 되면 한쪽 귀를 쫑긋 세웠다. 당시에도 돈을 들여 영어를 공부시키는 일은 너무나 당연한 것이었다. 아이가 네 살이 되었을 때는 회사 동료의 추천으로 당시 유행하던 꽤 값나가는 영어 교구 전집을 집에 들였다. 하지만 아무리 비싼 교구라도 분주한 워킹맘에게는 처음 몇 번 들여다본 뒤로는 어디에 있는지조차 모르는 애물단지에 불과해졌다.

'뭐라도 해주고 싶은데….'

영어 교육에 대한 '미안함'은 마치 집 안 곳곳에 방치된 교구들처럼 내 마음속에 부담감으로 쌓여만 갔다.

그런 와중에도 아이 교육에서 뒤처지기는 싫은 마음에, 한 육아 커뮤니티의 엄마들이 추천해준 동화 전집을 부담스러운 가격임에도 큰마음을 먹고 사들여 열심히 읽어주었다. 전집 구입은 평일에는 일하고 주말에는 가족 행사나 모임 등으로 좀처럼 도서관에 가기 힘든 워킹맘에게 어쩔 수 없는 선택이었다. 아이가 유아기에 접어들면서부터는 '책 읽어주기'의 중요성을 더욱 크게 느껴, 연령에 따라 선별된 책을 정기적으로 집에 가져다주는 '책 배달 서비스'를 신청하기도 했다.

이제 막 걸음마를 시작한 아기가 여기저기 부딪히며 넘어지고 일어나고를 반복하듯, 나 역시 내 인생에 주어진 '육아'라는 신세계를 온몸으로 부딪히며 배워갔다.

옆집 아이는 벌써 단어 100개를 외웠다던데

육아와 집안일 그리고 회사 일까지 하느라 전쟁 같은 하루하루를 보내던 어느 날이었다. 육아 정보를 얻기 위해 수시로 드나들던 한 온라인 커뮤니티에서 영어 그림책만으로 아이가 영어를 익힌 사례를 소개한 칼럼을 보게 됐다. 내용을 읽어보니 수긍이 가서 '노부영'(노래로 부르는 영어) 책 몇 권을 구매해 부록으로 딸린 카세트테이프를 시간이 날 때마다 아이에게 틀어주고 내가 직접 노래를 불러주기도 했다. 나는 그저 아이가 독립적으로 성장하며 스스로 영어를 공부하게 만들고 싶다는 작은 소망을 품고 있었다. 마음 한편에 불안과 초조가 없었던 것은 아니지만 옆에서 꾸준히 지혜롭게 독려해주면 아이가 저절로 영어에 관심을 가지게 될 것이라고 믿었다.

큰아이 영어 인생의 본격적인 첫발은 초등학교 입학 무렵 유행하던 '파닉스Phonics'(영어 철자에 해당하는 소리의 법칙을 배우는 학습법) 위주의 학습지였다. 일까지 그만두게 할 정도로 껌딱지처럼 달라붙는 작은아이 때문에 큰아이의 영어 교육에 도저히 신경을 쓸 수가 없었다. 하지만 큰아이는 엄마에게 인정을 받고 싶고 스스로 성취감을 느끼고 싶은 마음에 1년 내내 성실하게 이 학습지를 습관처럼 공부했다.

사실 당시 학습지 외에 특별히 신경 쓴 영어 교육은 없었다. 사교육 열기가 거셌지만 아이에게 정말 중요한 것은 단순한 영어 능력보다 스스로 공부하는 자기주도 학습 능력을 익히는 것이라고 생각했다. 일상에서 무엇인가를 스스로 해내는 '습관'이 만들어지면 언젠가 동기가 주어졌을 때 영어를 즐겁게 공부할 것이라고 막연히 믿었다.

물론 이렇게 마음을 먹어도 주변을 둘러보면 다짐했던 모든 것이 와르르 무너지기 일쑤였다. 어학원이나 영어 유치원에 보내 단기간에 아이의 영어 실력을 높였다는 친구와 이웃의 이야기를 들으면 아이와 내가 정말 제대로 된 길을 걷고 있는 건지 고민스러웠다. 겉으로는 아무렇지 않은 척했지만 조금씩 내 마음 깊은 곳에서 잔잔한 흔들림이 느껴지기 시작했다.

'이렇게 키워도 되는 걸까? 이 길이 정말 맞을까?'

남들처럼 학원이나 영어 유치원에 보내긴 싫었다. 그렇다고 학습지만으로 아이의 영어가 기대한 만큼 성장할 것처럼 보이지도 않았다.

바로 그때 영어 그림책과 DVD 등을 활용해 집에서 엄마가 아이에게 영어를 노출해주는 이른바 '엄마표 영어'라는 말을 어디선가 듣게 되었다. 온라인 커뮤니티에서 정보를 접하며 조금씩 관심을 키우고는 있었지만, 당시 아이가 학습지 진도를 잘 따라가고 있었기 때문에 엄마표 영어를 실행에 옮기지는 않았다. 아이가 매일 무언가를 스스로 학습해 성취하는 경험을 축적하는 것이 영어 공부보다 훨씬 더 중요하다고 믿었다.

'그래, 이렇게만 하면 적어도 남들만큼 하겠지?'

하지만 이런 내 안도감은 1년도 안 되어 무너졌다.

며칠 공부하면 될 내용을 왜 1년 내내 붙잡고 있어야 할까?

"어머니, 이번에 바뀐 선생님 발음 들어보셨어요? 우리 지부에서 발음이 제일 좋은 분이세요."

무난히 잘 따라가던 아이의 학습지 영어 교육이 뭔가 잘못되었음을 느낀 것은 학습지 회사 지부장의 이 말 때문이었다. 학습지를 하며 중간에 담당 선생님이 두 번 정도 바뀌었는데, 그때마다 지부장은 선생님의 발음이 너무 좋다며 자신만만해했다. 그런데 문득 이런 생각이 들었다.

'내가 발음이 좋은 선생님을 원했나? 겨우 일주일에 한 번 만나는데 발음이 아무리 좋아봤자 아이의 영어 실력 향상에 무슨 도움이 될까?'

학습지 교육을 탓할 생각은 없다. 다만 교과서 위주의 '성적 영어'가 아니라 아이의 일상에 뿌리내리는 '일상 영어'를 원한다면 뭔가 다른 방식을 찾아야만 했다. 게다가 학습지 내용은 내가 중학교 때 배웠던 영어와 크게 다르지 않았다. 아무리 좋게 보려고 해도 이 교재에 나와 있는 것들로는 단 몇 초도 외국인과 대화를 주고받을 수 없을 것 같았다. 똑같은 단어를 여러 번 따라 쓰게 한 뒤 아이에게 반복해서 읽히는 게 전부였고, 이렇게 단순한 내용을 일주일 내내 반복했다.

당시 내가 신청한 학습지 선생님은 일주일에 두세 번 정도 아이와 통화해 영어 실력을 점검했는데 그 시간은 고작 1분을 넘지 않았다. 이런 교육 방식이 비효율적이고 아이에게 전혀 도움이 되지 않는다는 생각을 멈출 수 없었다.

'정말 이렇게 가르쳐도 된다고?'

매달 나가는 비용도 만만치 않았다. 적지 않은 돈을 투자하는데도 1년이 넘도록 계속 파닉스에 머물렀고, 진도가 나가더라도 아주 간단한 문장이 담긴 내용만 다루고 있었다. 겨우 파닉스 과정을 마무리하나 싶었는데 이번에는 짤막한 문장들이 담긴 얇은 읽기 연습용 영어책을 교재 삼아 공부시키기 시작했다. 그러나 이역시 내용이 너무 쉬워서 학습을 다 한다고 해도 들이는 시간과 비용에 비해 아이가 배우는 내용이 너무 적었다.

I like to jump.

I eat apples.

아이가 학습하는 내용을 들여다보니 일주일 내내 배우기에는 너무 짧고 간단한 문장으로 가득했다. 그저 사진과 글자를 보며 뜻을 익히게 하고는 그냥 외워 쓰기 학습을 시키는 게 전부였다. 따로 해석할 필요가 없어 보이는 아주 간단한 문장까지도 영어와 그 뜻을 노트에다 반복해서 써내도록 하는 숙제가 과연 초등학교 1학년 아이에게 적합한 것인지 의문이 들었다.

'영어라는 언어에 대해 좀 더 폭넓게 접근할 수 있는 방법이 따로 있지 않을까?'

'지금까지 내가 알던 영어는 영어가 아니었구나!'

아이가 초등학교 2학년이 되자 본격적으로 엄마표 영어에 관심을 갖고 공부하기 시작했다. 그때부터 내 일상은 오로지 '영어'에 초점이 맞춰졌다. '이대로는 안 된다'라는 문제의식에서 출발해 시중의 수많은 엄마표 영어 관련 도서들을 독파해나갔다.

그해 여름, 마침 시어머니가 살고 있는 미국에서 한 달 가까이 머물 기회가 생겼다. 당시만 해도 나는 내 영어 실력에 어느 정도 자신이 있었다. 학창 시절 교과목 중 영어를 가장 좋아했고, 한때 유학을 준비하며 치렀던 토플 시험에서도 좋은 성적을 거둔 적이 있었기 때문이다. 하지만 막상 미국에서 몇 주간 지내보니 내가 그동안 해왔던 영어 공부가 조금도 도움이 되지 않는다는 사실을 처절하게 깨달았다.

벌써 10년이 지난 일이지만 당시 현지에서 느낀 충격은 지금도 생생하다. 그토록 공부했던 영어 어휘가 떠오르지 않아 물건을 못 사고 빈손으로 상점을 나오는 일이 예사였고, 가벼운 인사마저도 어색해서 누군가 다가오면 도망치고 싶을 지경이었다. 이렇게 영어 앞에서 속수무책인 스스로를 보고 있자니 내 아이도 결국 이런 어른으로 클까 싶어 씁쓸한 생각이 들었다.

'나야 그렇다 치더라도 우리 아이까지 이런 식으로 영어 공부를 시켜도 될까?'

중학교부터 대학교까지 그토록 열심히 영어를 공부했는데 미국에 와서 입도 뻥긋하지 못한다면, 과연 그 교육이 정상적인 교육이었을까? 그 잠깐의 체류 기간 동안 아이의 영어 교육이 어떤 방향으로 흘러가야 할지에 대해 비로소 확신하게 되었다.

'한국에서 지금까지 내가 접했던 방법으로 아이에게 영어 공부를 시켜선 안 된다.'

생각해보니 문제의 핵심은 '말하기'가 아니라 '듣기'였다. 현지인들의 빠른 말을 알아듣기란 너무나 힘들었다. 옷이나 물건을 사러 가도 설명해주는 점원들의 말을 제대로 알아듣지 못했는데 더이상 물어보기가 민망해 그냥 나오기 일쑤였고, 놀이방에 아이들을 맡기려 해도 담당자가 주의 사항을 말하는 속도가 너무 빨라 고작 단어 몇 개만 들릴 뿐이었다.

들리지 않는 영어, 들리지 않으니 말할 수 없는 영어.

이 단순한 사실도 모르고 아이에게 주야장천 활자 '읽기' 연습만 시켜왔던 지난날이 어리석게 느껴졌다. 아이의 문제가 아니라 엄마인 내가 제대로 영어 교육에 대한 공부를 하지 않아 벌어진 당연한 결과였다. '이제 어떻게 해야 할까? 나는 아이에게 어떤 도움을 줄 수 있을까? 어떤 영어가 정말로 아이에게 쓸모 있을까?' 이런 질문들이 머릿속을 둥둥 떠다녔다. 한참을 고민한 끝에 결론을 내렸다.

이제 '읽는 영어'에 매달리지 말고
'듣는 영어'에 집중해보자.
아이가 커서 정말로 중요한 순간에
당당하게 영어로 말할 수 있도록 도와주자.
그 어디에도 흔들리지 말고, 뒤돌아보지 말고,
아이와 나만의 '엄마표 영어'를 완성해보자.

귀가 열리자
입이 열리기 시작했다

"사실 저는 집에서 아이와 영어 공부해요"

엄마표 영어를 실천하려는 마음은 주변 엄마들과의 만남에서 첫 번째 위기를 맞았다. 매사에 적극적인 성격인 아이가 반에서 회장을 맡게 되자 자연스레 임원 엄마들의 모임에 참여하게 되었다.

엄마들은 저마다 여기저기에서 들은 '공부 잘하는 아이들의 비법'을 나누느라 여념이 없었다. 그 비법은 물론 '사교육'이었다. 누구라도 한번 들으면 흔들릴 만큼 입심이 센 엄마들의 기에 눌려 어깨를 움츠리기도 했다. 이름만 들어도 알 만한 유명 어학원에 지금 당장 아이를 보내지 않으면 아이의 영어 인생에 큰 문제가 생길 것이라고 으름장을 놓을 때면 입안이 바싹 말랐다.

스스로 엄마표 영어를 실천하겠다고 결심했지만 고작 엄마들의 말 한마디에 다시 마음이 살짝 요동쳤다.

'며칠만이라도 어학원에 보내볼까?'

집으로 돌아가는 길에 혼자 이런 생각을 하며 흔들리기도 했지만 다시 한번 초심을 되새기며 애써 털어버리곤 했다. 하지만 엄마들을 만날 때마다 이런 이야기들이 반복되자 좀 더 확실한 방법을 찾게 되었다. 유혹에서 벗어나는 방법은 한 가지뿐이었다.

어느 날 나는 평소처럼 엄마들 모임에 나가게 되었다.

"○○어학원에서 레벨 테스트를 했더니 점수가 너무 낮아서 학원에 보내기로 했어."

"영어 유치원 나왔다던 그 아이는 지금 ○○어학원에서 상급반에 있다더라? 영어를 엄청 잘한다던데! 우리 아이도 좀 보내야겠어."

나는 상황을 살피다 사람들 앞에서 이렇게 말했다.

"그런데 실은… 제 아이는 집에서 영어를 해요."

"…?"

"그냥 집에서 매일 자막 가리고 디즈니Disney 영화 보고요, 날마다 조금씩 영어책을 읽어주고 있어요. 전 이렇게 앞으로 딱 3년만 해볼까 해요. 아이도 동의했고, 정 안 되면 그때 가서 학원을 알아봐도 되지 않을까 해서요."

이렇게 한번 엄마들에게 선언을 하고 나니 당시 모임의 주요 이야깃거리였던 영어 교육에 대해 더 이상 대화하기가 애매한 상황이 되어버렸다. 결국 서로 너무나 동떨어진 교육관으로 점점 마음이 멀어졌고, 자연스레 모임에 나가지 않는 횟수가 늘었다. 하지만 용기 내어 말하고 나니 마음이 한결 가벼워졌다. 그리고 한편으로는 더 잘해내고 싶다는 욕심이 뭉게뭉게 피어올랐다.

아이를 학원에만 보냈다면 이런 즐거움을 누렸을까?

엄마표 영어를 시작하기 전에 반드시 선행해야 할 두 가지가 있다. 하나는 옆집 엄마에게 자신의 엄마표 영어를 알리고 참여를 권하는 것이고, 또 하나는 동일한 방향으로 엄마표 영어를 실천하는 온·오프라인의 모임을 찾아보는 것이다. 즉, 나와 내 아이의 수준과 방향성을 가늠할 수 있는 동지를 찾는 일이 가장 중요하다. 엄마표 영어를 지속하려면 끝없는 불안과 망설임을 함께 이겨낼 동지가 필요하다.

큰아이의 친구 엄마에게 진심을 담아 엄마표 영어를 전하고 함께하자고 권유했다. 다행히 친구 엄마도 동의했고, 그 뒤 책을 공동으로 구매해 아이들에게 나눠 읽히고 서로 정보도 주고받으며 수개월간 그리 힘들지 않게 엄마표 영어를 이어갈 수 있었다. 하지만 오래지 않아 그 친구가 갑작스레 먼 곳으로 이사를 가는 바람에 다시 '나 홀로 엄마표 영어'의 길을 걷게 되었다.

혼자서 아이와 외롭게 진행하는 엄마표 영어는 쉽지 않았다. 그러나 한번 마음먹은 길을 친구가 없다고 포기할 수는 없었다. 결국 아이가 3학년이 되고 나서는, 지역의 한계를 벗어나 서울 전역에서 모인 엄마들의 작은 독서 모임에 참여하며 나와 같은 길을 걷고 있는 엄마들과 본격적으로 교류하기 시작했다. 이런 모임을 통해 그간 엄마표 영어 '커밍아웃' 후 느꼈던 인간관계에 대한 목마름을 해소할 수 있었다.

하지만 정말로 중요한 변화는 그게 아니었다. 그동안 아이에게만 읽히려 했던 영어책을 내가 직접 읽어보니 영어가 더욱 재미있어졌다는 것이다.

'내가 이렇게 영어를 좋아했었나?'

단어를 달달 외우거나 일일이 해석하지 않아도 책 속 주인공의 시선을 따라 스토리의 전체적인 맥을 짚어가며 읽으니 어느새 영어라는 언어 자체에 대해 새로운 재미를 느끼게 되었고 점점 익숙해졌다. 문법 영역에서 이해가 되지 않는 것은 그냥 넘어갔다. 그렇게 해도 작가가 전하려는 이야기와 메시지 정도는 충분히 느낄 수 있었다. 또 모르는 단어를 일일이 찾지 않아도 자주 접하는 단어가 나오면 그때그때 검색해 확인했다. 그러다 보니 점점 아는 단어도 많아졌다. 이렇게 습득한 단어들은 내가 학교에 다닐 때 배우던 단어들과는 달리 실제 미국 현지에서 사용되는 살아 있는 어휘들이었고, 이때 시작한 나만의 영어 공부 경험은 훗날 아이들을 가르칠 때 맥락에 따른 뉘앙스를 좀 더 쉽게 전달할 수 있는 소중한 자산이 되었다.

그사이 큰아이는 어느덧 집에서 엄마와 영어를 경험하는 과정을 자연스레 받아들이기 시작했다. 영어책을 읽는 것은 물론이고,

자막 없이 영어 영화를 보는 것도 매우 자연스러운 일상이 되었다. 지금 와서 그 비결을 생각해보면 너무나 간단해서 책에 적기조차 민망할 정도다.

아이가 싫어하는 것은 하지 않기.

내가 고수했던 엄마표 영어는 잠깐 해보다가 쉽게 그만두는 영어가 아니라, 아이와 내가 꾸준히 지속할 수 있는 영어였다. 영어책을 읽어주면서 아이에게 한번 따라 읽어보라고 하면 아이는 늘 부담스러운 표정으로 싫다며 고개를 흔들었다. 나는 더 이상 강요하지 않았다. 또 아이가 원하지 않는 책은 미련 없이 덮었다. 그 대신 집 근처 영어 도서관 위치를 확인해두고 매주 도서관에 가서 아이의 흥미를 끌어낼 책들을 찾아 대출했다. 아이가 그다지 좋아하지 않는 책은 반복해 읽히지 않았고, 쳐다보지도 않는 책은 조용히 도서관에 반납하고 다른 책을 빌려 왔다.

물론 초반에는 잘못된 길로 들어설 때도 많았다. 두세 줄짜리 리더스북을 아이와 처음 읽었을 때 문법 지식이 없는 아이에게 어려운 문법 용어를 나도 모르게 사용해 아이가 의아한 표정을 짓기도 했다. 그럴 때면 '과거형'이니 '현재완료형'이니 하는 것들을 어디서부터 어디까지 설명해줘야 할지 난감했다. 중학교 때 배운 문법 지식을 억지로 떠올려 겨우겨우 설명해주다가도 '내가 지금 초등학교 2학년짜리 애한테 뭐 하고 있는 거지?'라는 생각에 헛웃음이 나기도 했다.

그러다 점차 문장이 아닌 그림에 초점을 맞춰 아이가 그림의 상황을 영어 문장과 함께 받아들이도록 유도하기 시작했다. 또 해석을 가르치지 않고 그저 작품 속 이야기에 대한 감상을 나누는 방향으로 접근했더니 아이가 영어책을 훨씬 더 편하게 받아들였다. 아이는 점차 영어를 한국어로 해석하는 과정 없이 마치 '제2의 모국어'처럼 받아들이는 것 같았다. 지금 생각해보면 너무나 간단한 생각의 전환이었는데 그때만 해도 어떤 길이 옳은지 여전히 혼란스러웠다. 하지만 아이가 영어와 친구가 될 때까지 묵묵히 믿고 기다렸더니 조금씩 변하기 시작했다.

처음엔 모든 사람이 서툴다. 나도 아이도 마찬가지였다. 아이가 영어를 모국어처럼 받아들이기까지 무수한 실패를 겪는 건 당연한 일이다. 엄마표 영어 초반에 부모들이 가장 많이 범하는 실수가 아이에게 한꺼번에 모든 것을 가르치려는 것이다. 영어 문장을 하나하나 한국어로 해석해서 뜻을 암기하도록 강요한다. 한 팀이 되어 영어를 즐기려 하지 않고 선을 긋고 진도를 나가고 점수를 매긴다.

이렇게 아이 마음속에는 차곡차곡 '영어 스트레스'가 쌓이고 영어라는 언어 자체에 두려움을 느끼다가 어느 날 갑자기 자신의 인생에서 영어를 아예 배제시켜버린다. 한국어도 완벽하게 떼지 못한 아이가 어떻게 하루아침에 새로운 언어를 자신의 것으로 만들 수 있을까? 나 역시 초조하고 급한 마음에 아이를 다그쳤지만 이내 아이와 영어를 즐기며 공부하겠다는 처음의 다짐을 다잡으며 위기를 넘겼다. 어쩌면 이때의 마음가짐이 내가 그토록 강조하는 '콘텐츠 영어'의 시작점이었을지도 모르겠다.

아이가 싫어하는 방법으로는 아이를 변화시킬 수 없다

아이가 영어로 된 텍스트나 책을 편하게 받아들인 결정적 이유는 무엇이었을까? 엄마표 영어를 실천하는 다른 집과 우리 집이 달랐던 점은 무엇이었을까? 처음 1년간 나는 온갖 방법을 동원해 아이의 일상이 '영어 콘텐츠'로 넘쳐나도록 만들었다.

첫째, 매일 영어책을 읽어주되 아이가 그 내용을 완전히 알아듣지 못하더라도 지적하지 않았다. 그저 아이가 전반적인 스토리를 이해하고 영어라는 언어에 노출되는 데 가장 큰 의미를 두었고 학습적으로 다그치지 않았다.

둘째, 영상의 난이도나 연령별 적합도를 따지지 않고 오로지 아이가 원하고 재미있게 여기는 콘텐츠를 선택했다. 아침마다 「티모시네 유치원Timothy Goes To School」, 「말괄량이 삐삐Pippi Longstocking」, 「매직 스쿨 버스The Magic School Bus」 등 지금은 유튜브에서 쉽게 시청할 수 있는 캐릭터 애니메이션을 위주로 보여주자 자연스레 아이의 '영어 귀'가 나날이 트여가는 것이 느껴졌다.

셋째, 매일 한 편씩 영어 디즈니 영화를 아이와 함께 봤다. 자막을 가린 채 영화를 봤지만 아이는 그저 장면만 봐도 너무 재밌는지 그다지 힘들어하지 않았다.

그렇게 딱 1년이 지나자 아이는 시키지 않아도 영화 속 대사들을 흉내 내곤 했고, 말은 안 되지만 어디선가 들어본 것 같은 영어 표현을 낙서로 끄적이기도 했다. 자신이 이해한 영화 줄거리를 말해주기도 했고, 영화 속 캐릭터들이 말한 영어 대사를 천천히 음미하며 그 안에 담긴 속뜻을 내게 설명해주기도 했다. 이때부터는 엄마가 뭘 시키거나 평가할 필요가 없어졌다. 아이 스스로 광활한 영어의 바다를 유영하며 자신에게 딱 맞은 콘텐츠를 찾아 영어를 일상적으로 체험하게 됐기 때문이다.

물론 처음부터 마냥 순조로웠던 것은 아니다. 처음에는 엄마와의 약속 때문에 자막 없이 잘 보는 듯하다가도 내가 잠시 자리를 비웠다가 돌아오면 어느새 한글 자막을 켜고 보고 있을 때가 종종 있었다. 처음에는 힘이 들더라도 자막 없이 영어 영상 보기를 지속해야 아이의 귀가 열릴 것이라 기대했기에 이런 아이의 행동을 보면 힘이 빠지곤 했다.

무작정 화를 낼 수는 없었다. 나 역시 아이 옆에서 무자막으로 영화를 보다 보면 답답한 부분이 많았으니까. 그래서 대사량이 많고 빠르게 진행되는 장면은 내가 한글 자막을 잠시 '미리' 본 후 아이에게 대략적인 내용을 이야기해주기도 했다. 때로는 그 부분만 한글 자막을 보여주고 아이가 내용을 이해한 뒤에 다시 자막을 없애기도 했다. 단순히 아이에게 모든 것을 맡기기보다는 아이와 함께 팀을 이뤄 영어 콘텐츠를 소비하고, 그중 아이에게 어울릴 영상이 무엇일지 계속해서 고민했다. 시간이 흐르면서 아이는 중간에 한글 자막을 켰다 끄는 일조차 귀찮은 듯 자막을 보는 횟수가 점차 줄어들기 시작하더니 결국 모든 영어 콘텐츠를 자막 없이 즐기게 되었다.

주말을 제외하고는 매일 한 편의 영화를 보고 20분 정도 '집중 듣기'(영어 소리를 들으면서 손가락이나 눈으로 글자를 따라가며 읽는 활동) 로 꾸준히 영어책을 읽는 일상이 지속되던 어느 날, 갑자기 아이가 스스로 영어 챕터북을 즐겁게 소리 내어 읽기 시작했다. 처음에는 책을 따라 읽어보라고 하면 싫어해서 그저 책을 읽어주거나 음원을 따라 들으며 집중 듣기만 시킨 게 전부였다. 그런데 아이가 시키지도 않았는데 영어책을 소리 내어 읽으니 그저 놀랍고 신기했다. 아이를 믿고 묵묵히 기다린 시간의 성과가 폭발하는 순간이었다.

챕터북 입문 뒤에는 다시 1년이 채 되지 않아 세계적인 동화 작가 로알드 달Roald Dahl의 소설들을 읽기 시작했다. 어느 순간 눈으로 읽는 것보다 성우의 목소리로 영어를 듣는 게 더 재미있다며 온 가족 앞에서 원서를 술술 낭독하기까지 했다. 물론 아이는 팀 버튼Tim Burton 감독의 동명의 영화도 무자막으로 자주 시청했던 터였다. 책 읽기와 영상 시청이 어우러져 시너지 효과를 낸 것이다.

이때 내가 느낀 것은 아무리 내용이 좋아도 아이의 재미보다 우선할 수는 없다는 사실이었다. 로알드 달의 작품은 아이들의 심리를 파고드는 내용이 많았다. 아이와 어른 사이의 수직적 관계에서 오는 긴장감을 어린이 주인공 캐릭터가 시원하게 해소해주는 이야기가 주를 이뤘는데, 이런 통쾌함은 아이의 마음을 사로잡기 충분했다.

내용이 재미있으니 아이는 영화를 보거나 책을 읽을 때 더욱 흥미롭게 몰입할 수 있었고, 이때 단어 암기나 문법 교육을 따로 하며 방해하지 않았던 덕분에 아이는 영어의 바다에서 마음껏 헤엄칠 수 있었다.

'읽기'의 4가지 종류

영어책 듣기, 영어책 집중 듣기, 낭독, 묵독

'읽기'란 무엇일까? 읽기는 모든 언어 학습의 기초가 되는 광범위한 영역이다. 그 의미가 너무나 다양해서 엄마들 사이에서 가장 많은 오해가 일어나는 영역이기도 하다. 단순히 '문자를 보고 소리 내어 말하는 행위'만을 '읽기'라고 부를 수 있을까?

영유아기의 아기는 다양한 스토리를 들으면서 '영어 읽기'를 경험한다. 아기는 글자를 몰라도 영어책을 보고 들으며 읽는다. 이게 무슨 뜻일까? 부모들은 아이의 일그러진 표정만 봐도 아이가 무슨 이야기를 하는지 읽어낸다. '엄마, 나는 지금 너무 수치스럽고 속상해요.'

아이들도 마찬가지다. 아이들은 글자를 읽지 못해도 누군가 읽어주는 목소리를 듣거나 상황을 표현하는 그림을 보는 것만으로 앞뒤 맥락을 유추해 그 안에 담긴 의미를 읽어낸다. 부모의 목소리와 책 속 그림이 이야기를 전달하는 통로가 되어 아이의 머릿속 언어 세상에 영어를 자연스레 스며들게 하는 것이다.

엄마표 영어를 시작할 때 '읽기'의 의미가 광범위해 혼란을 겪는 부모가 많다. 따라서 본격적인 엄마표 콘텐츠 영어를 실천하기 전에 다양한 읽기의 의미를 이해하는 것이 중요하다. 여기에서는 아이가 읽기를 경험하는 대표적인 방식 네 가지를 자세히 설명하고자 한다.

영어책 듣기: 부모가 소리 내어 영어책을 읽어주면 아이는 귀로는 그 소리를 듣고 눈으로는 그림을 보며 스토리를 읽는다. 사실 아이는 엄마의 배 속에서부터 엄마나 아빠가 책 읽어주는 소리를 듣고 자라왔다. 그런데 아직 문자도 모르는 아기에게 굳이 열심히 책을 읽어주는 이유가 무엇일까? 난생처음 듣는 우리말을 아이가 다 알고 있을 것이라고 믿어서가 아니다. 모든 언어를 다 이해하진 못 하더라도 재미난 이야기의 흐름을 그저 눈과 귀로 체험하도록 돕기 위함이다. 이로써 새로운 언어를 듣고 이해하는 능력인 '청해력'의 기초를 쌓는 훈련을 시키는 것이다.

따라서 우리말 책을 읽어주듯 어릴 때부터 영어책을 읽어주면 자연스레 영어가 아이의 일상 언어로 자리를 잡게 될 것이다. 다양한 '온라인 스토리북'을 활용할 때도 영어 문자에 얽매이지 말고, 움직이는 화면에 집중해 '소리로서의 영어'를 듣는 활동을 꾸준히 이어나가야 한다.

영어책 집중 듣기: 문자와 소리를 매칭해 들으며 읽는 방법을 뜻한다. 엄마표 영어를 처음 시작한 1세대 부모들이 처음 도입했고 여전히 많은 가정에서 활용하고 있다.

'세이펜'으로 글자를 짚어가며 읽는 활동, '온라인 스토리북'을 보며 자막을 함께 읽는 활동 등이 이에 속한다. 이런 활동을 반복하면 복잡한 영어 문자들에 대한 '해독 능력Decoding'(각 문자의 소리를 아는 능력)을 높일 수 있다. 영어 영상 보기와 영어책 듣기 활동과 함께 진행하는 것이 바람직하며, 이 과정을 거치며 아이의 '들으며 이해하는 능력'은 점차 '읽으며 이해하는 능력'으로 발전한다.

반드시 기억해야 할 것은 엄마표 영어 초기에 아이가 책과 친해질 기회도 없이 바로 '영어책 집중 듣기'를 시작하면 그림에 집중하느라 글자를 놓치게 되기 쉽다는 점이다. 따라서 아이에게 책의 내용을 충분히 유추할 시간을 준 뒤 아이의 동의를 얻어 시작해야 한다.

파닉스 학습을 건너뛴 둘째 아이는 엄마가 읽어주는 '영어책 듣기' 활동과 더불어 '영어책 집중 듣기'를 1년 정도 병행했더니 저절로 해독 능력이 생겼다. 이렇게 일정 기간 '영어책 집중 듣기'를 지속하다 보면 '낭독'과 '묵독' 등 독립적인 읽기 단계에 들어설 수 있다.

낭독: 책 읽기를 중심으로 엄마표 영어를 실천할 때 낭독만큼 영어 실력의 성장을 돕는 활동은 없을 것이다. 내용을 이해하고 소

리 내어 읽는 낭독은 아이의 언어 유창성을 높이는 아주 중요한 활동이다. 가장 주의해야 할 점은, 단순히 문자를 읽는 것에 그치지 않고 이야기의 맥락을 아이가 완전히 이해한 뒤에 낭독하도록 유도해야 한다는 점이다. '파닉스'와 '사이트워드'(영어 읽기, 영어 쓰기를 위해 반드시 익혀야 하는 기본 단어들)를 통해 문자를 읽는 법만 학습한 아이들이 곧장 영어책을 낭독하게 되면, 전체적인 이야기의 흐름을 따라가지 못한 채 영어로 된 문자를 읽는 데만 급급하게 된다. 스토리를 충분히 눈과 귀로 들어본 경험이 없다 보니 자꾸 자신이 잘하는 것으로 칭찬받고 싶은 마음에 오직 문자 해독 활동에만 열의를 보이는 것이다.

그러나 한번 생각해보자. 책이 전달하는 전체적인 흐름과 내용을 이해하지 못한 채 문자만 읽어내는 것을 과연 진정한 읽기 능력이라고 볼 수 있을까? 따라서 본격적인 낭독에 돌입하기 전에 충분한 '영어책 듣기' 활동이 선행되어야 한다.

묵독: '읽는다는 것'의 궁극적인 목표는 무엇일까? 더 이상 '소리'에 의존하지 않고 오로지 눈으로만 글을 읽어내고 의미를 이해할 수 있다는 것은, 이미 머릿속에서 고도의 해독 능력이 작동하여 귀에 들리는 소리 정보 없이도 내용을 충분히 이해할 수 있다는 뜻이다. 평소에 '맥락에 따른 듣기 활동'을 자주 경험해온 친구들은 마치 머릿속에서 자동으로 '음성 지원 기능'이 작동되는 것처럼 눈으로만 글을 읽어도 자연스럽게 문자를 해독한다.

그러나 충분한 '영어책 듣기' 활동 없이 학원이나 학교에서 짧은 지문 읽기로만 영어를 배워온 학생들은 머릿속에서 이 음성 지원 기능이 작동되지 않아 눈으로 글을 읽을 때 독해 시간이 유독 더 오래 걸린다. 이것이 바로 학년이 올라가더라도 아이의 일상생활에서 다양한 영어 듣기 활동이 멈추지 않고 지속되어야 하는 이유다. 아이가 자유자재로 묵독을 즐길 수 있을 때까지 인내심을 갖고 영어책을 더 자주 읽어주고 들려주자.

"엄마, 저 이제 외국인과
대화해보고 싶어요!"

'내가 예전엔 이렇게 쉬운 걸 읽었구나!'

엄마표 영어가 일상에서 꾸준히 지속되며 가장 좋았던 점은 아이가 영어에 대한 자기효능감을 키워갈 수 있었다는 것이다. 나는 이를 '영어효능감'이라고 부르는데, 이 영어효능감을 키우는 방법에 대해선 다음 장에서 자세히 설명하겠다.

어느 날 그동안 자막 없이 접했던 디즈니 영화가 우리말 더빙이 입혀진 채로 방송되고 있었다. 아이는 얼굴을 찌푸리며 말했다.

"엄마, 목소리가 좀 이상해요. 너무 어색하고 재미가 없어요. 난 그냥 영어로 볼래요!"

나는 깜짝 놀라 아이를 쳐다봤다. 아이가 어느새 이 정도로 영어와 친해졌다는 게 놀라웠다. 모국어인 한국어보다 영어가 더 익숙해진 걸까? 그건 아닐 것이다. 영상에 나오는 모든 영어 대사의 뜻을 완벽하게 알아들었다는 뜻도 아닐 것이다. 다만 '영어 소리'에 익숙해져서 영어로 된 콘텐츠를 접할 때 으레 겪는 '스트레스'가 사라졌다는 의미일 것이다. 영어만 들어도 울렁증이 생길 정도로 스트레스를 받는 사람과 아무리 어려운 영어도 당당하고 즐겁게 들을 수 있는 사람의 차이는 명확하다.

하루는 아이가 2년 전쯤 읽었던 1~2단계의 리더스북들을 집어 펼쳐보더니 이런 말을 내뱉었다.

"이상하다. 이 책 글자가 왜 이렇게 커 보이지? 예전에는 이렇게 글자가 커 보이지는 않았는데. 내가 예전에 이렇게 쉬운 걸 읽었구나!"

글자 크기가 작고 글자가 빽빽하게 배치된 책을 읽게 된 후 초기에 접한 책들을 오랜만에 보니 자신의 영어 실력이 한층 성장해 있음을 스스로 느낀 것이다. 큰아이는 시간이 갈수록 영어를 낯선 외국어가 아닌, 한국어와 같이 매일 경험하는 일상의 언어로 받아들이는 것 같았다. 이렇게 자신의 영어 실력이 전보다 나아졌다는 것을 스스로 체감한 아이는 그 기분 좋은 감각을 평생 마음속에 간직한 채 살아간다. 그리고 이 자신감은 외국인이나 낯선 문화 앞에서도 움츠러들지 않는 단단한 자존감의 뼈대가 된다. 큰아이 역시 그렇게 자신의 영어 실력이 점점 늘어가는 기쁨을 만끽했다.

3년의 약속, 그 결과는?

하루에 한 편씩 영미권 영화를 자막 없이 보는 일은 부모에게도 쉬운 일은 아니다. 게다가 책 읽기까지 병행하기란 보통의 의지로는 불가능한 일이다. 그러나 그 효과는 깊고 단단했다.

큰아이가 초등학교 4학년이 되었을 때 담임선생님이 우리말 책을 다섯 줄로 요약하는 숙제를 내줬다. 당시 아이의 영어 습득 효과가 조금씩 겉으로 드러나고 있던 시기라 나는 용기를 내어 아이에게 주당 한두 번은 평소에 읽는 영어책을 요약해보면 어떨지 제안해보았다.

놀랍게도 아이는 비록 아주 짧은 문장들이었지만 책의 문장을 그대로 베껴 쓰지 않고 어설프더라도 자신이 직접 쓴 문장만으로 책을 요약했다. 하루도 빠짐없이 영어 듣기 활동을 꾸준히 해왔기에 가능한 일이었다. 내친김에 좀 더 자유롭게 영어로 생각을 표현해보도록 '영어 일기 쓰기'를 권했더니 아이는 어렵지 않게 하루의 일을 영어로 쓱쓱 써 내려갔다.

나는 하루에 일어난 일을 그대로 쓰기만 하는 것은 부족하다 싶어서 매번 다른 주제를 던져줬다. '내가 행복할 때(When I'm happy)', '내가 가장 좋아하는 것 세 가지(Three of my favorite things)' 등을 주제로 글을 써보면 아이의 생각을 키우는 데 도움이 될 것 같았다. 아이는 신이 나서 책이나 영화 속 어디에선가 보고 들었던 다양한 표현을 동원해 영어로 글을 썼다.

( )

2010 - 1 .15

title : when is my mom happy ?

she might be happy when I going to Harbard univer

sity. I know. and second, she might be

happy when I'm sleeping. third, she might be

happy when I'm studding. and last one is,

she might be happy I'm here. my mom loves

me. a lot, . . . I know my mom loves me.

mom help me I'm studing. mom help me I'm sick

I love mom. and It's my turn loving my mom.

5

10

엄마표 콘텐츠 영어에 몰입한 지 1년 반 정도 지났을 때 큰딸이 쓴 노트.
'내가 행복할 때'라는 주제로 자유롭게 영어 글쓰기를 했다.

날짜	제목	분류	줄거리 및 느낀점
7/22	주몽글씨 (A자) (1~204)	소설	주몽글씨 (A자)을 달고다니는 헤스더는 되락깐에 놀끼 펄을 데리고 살아간다. 나중에는 당당한 여자가 되서 사랑들의 존경을 받는다
7/23	Beezus and Ramona (17~183)	소설	It was Beezus's birthday. Ramona and Beezus play together. and mother make cake. oh~no~ Ramona destory the cake!! So Aunt Beatrice came. and she told her mother. and Aunt Beatrice go Beezus feel better.
7/23	행복한 한국사 초등학교 (1~115)	역사	이책에는 내가아는 선화들이 있어서 좋았다. 그중 장영귀에 뚝뚝 많이읽었던 선화. 금관상이 유물을 발견하고 주몽을 넣고 우리의 넋는 이선화는 내가 좋아하는 선화 이다.
7/24	Ramona forever (1~46)	소설	Ramona's friend Howie, told his uncle come form Saudi Arabia, and Ramona hate Howie's uncle.
8/3 목	Ramona The Pest (1~82)	소설	Ramona went to kindergarton. her new teacher miss Biney, who Ramona likes. And. Ramona like Susans Boing-hair, Ramona kiss to Davy
8/4 수	Ramona the Pest (83~158)	소설	Ramona hated her old boots. It's Howie's old boots, But Howie gave to her. so mother spent a money for Ramona's new boots.
8/5 목	음악가 (2)	위인전	이 책은 여성음악가 나온 책이다. 그래서 많은 여성음악가 중, 클라라 유만이 제일 좋았다. 클라라 유만은 어려움을 때마다 용기가 뛰어나 클라라의 남편 유만도 용기있다
8/6 금	Ramona the Pest (159~21)	소설	Ramona have lost tooth. she show everyone her lost tooth. and she pull Susans hair, Miss Biney is not happy. So Ramona sad.

엄마표 콘텐츠 영어를 시작한
지 2년 정도 지났을 때 큰딸이
쓴 노트. 학교에서 내준 과제를
응용해, 우리말 책과 영어책을
번갈아 요약했다.

신나게 써온 일기에는 잘못된 표현이나 문법적 오류가 제법 있었지만 빨간 펜으로 수정하는 일은 되도록 피했다. 어차피 문법이야 나중에 중학교에 진학하면 본격적으로 배울 것이었다. 아이가 직접 쓴 글에 빨간 펜을 대는 일은 그때 가서 해도 늦지 않다고 생각했다. 그리고 벌써부터 재미없는 문법을 가르쳐주면서 글에 빨간 줄을 그어대면 오히려 맥이 빠져 영어 글쓰기를 즐기지 않게 될까 봐 두렵기도 했다. 가르쳐준 적도 없는데 '말이 되는' 일기를 써왔다는 사실 자체가 신기할 따름이었다. 당시 내가 아이의 일기 한 편에서 지적했던 철자나 문법 오류 개수는 한두 개뿐이었다.

일기 쓰기와 더불어 자주 했던 활동은 일주일에 한두 개의 잡지 기사 혹은 논술 지문을 읽고 요약하는 '간단 영어 글쓰기'였다. 아이는 이번에도 어려워하지 않고 뚝딱 다섯 줄로 기사를 요약해왔다. 이때도 고쳐주거나 가르치기보다는 스스로 모르는 단어를 찾아 써보게 했다. 가급적 지적은 하지 않고 알아서 쓰게 했더니 아이는 혼자만의 힘으로 논픽션 자료를 읽고 요약했으며 모르는 단어는 스스로 찾아 따로 학습했다. 아마 이 시기에 아이의 '영어 자존감'이 크게 높아졌던 것 같다.

엄마표 영어를 시작한 지 2년 반쯤 지난 어느 날 아이는 미국 시트콤을 보다가 무심코 한마디를 던졌다.

"아, 나도 외국인이랑 대화해보고 싶다."

언젠가 내 아이가 외국인과 자유롭게 대화하는 날이 오리라고 상상하긴 했지만 이렇게 일찍 아이 입에서 그런 이야기가 나올

줄은 몰랐다. 아이가 『해리포터Harry Potter』 시리즈 같은 긴 영어 소설을 집중 듣기할 시점이 오면 원어민 영어 수업을 시작해야겠다고 마음만 먹고 있던 참이었는데, 때마침 아이에게 이런 말을 듣게 되니 생각했던 것보다 그 시점이 빨리 왔음을 직감했다.

우리는 당장 화상으로 외국인 선생님과 대화할 수 있는 수업을 알아봤다. 설레는 마음으로 기다리던 첫 수업이 끝나자 아이는 발그레한 얼굴로 내게 말했다.

"엄마, 나 선생님이 하시는 말씀 다 알아듣겠어!"

만나는 선생님마다 아이에게 외국에서 살다 온 적이 없는지 물었고, 스스로 문장을 조합해 말하려고 노력하는 딸아이의 적극적인 태도를 특히 많이 칭찬해주었다. 화상 영어 수업은 2년 넘게 이어졌고, 아이는 이 시간 동안 그간 영어 영상 콘텐츠와 영어책을 듣고 읽으며 익혀온 영어 실력을 즐기듯 쏟아냈다.

그렇게 아이와 약속한 시간인 3년이 뜨겁게 흘러갔다.

"엄마, 전 참 복 받은 것 같아요"

큰아이의 영어가 무르익어 가던 5학년의 어느 날, 과도한 영어 조기교육 열풍을 비판하며 '적기 교육'의 중요성을 다루는 어느 방송 프로그램에 아이와 출연할 기회가 생겼다. 유아기에 영어 공부를 시작하지 않고 다소 뒤늦은 시기인 초등학교 입학 후 영어를 시작해 성과를 낸 아이를 찾는다는 출연자 모집 안내를 어느 영어 교육 커뮤니티 게시판에서 우연히 접했다. 당시 큰아이는 여러 진로 중 하나로 방송 작가를 생각하고 있던 터라 얼른 출연 신청을 했는데 덜컥 연락이 온 것이다.

아이는 우리 집에 방문한 작가 앞에서 평소 하던 대로 자막 없는 미국 시트콤 영상을 시청하며 일부 대사를 즉석에서 따라 말하기도 하고, 평소 좋아하던 영어책을 가져와 술술 읽어내기도 했다. 작가는 남들보다 한참 늦게 시작했음에도 오직 영어 영상 콘텐츠와 영어책만으로 영어를 자유자재로 즐기는 아이의 모습을 신기하게 쳐다봤다.

가장 뿌듯했던 순간은 아이가 인터뷰에서 마지막으로 툭 던진 말 한마디였다.

"영어 학원에 다니고 싶지는 않았어요? 다른 친구들은 거의 다 다니던데?"
"아뇨, 친구들은 항상 학원 숙제가 많아 힘들다고 하던데… 저는 그냥 집에서 영어책 읽고 영어로 된 영상을 보며 공부하니까 스트레스가 없었어요. 친구들이 영어 때문에 힘들어하는 걸 보면 좀 안타까워요."

아이가 미리 준비라도 한 것처럼 이 말을 한 순간 나는 가슴이 벅차올랐다.

'아이를 믿고 함께 걸어온 이 영어, 성공이다!'

방송 출연을 해서도 아니고, 점수가 잘 나와서도 아니고, 좋은 학교에 진학해서도 아니다. 아이가 그저 스트레스 없이 즐기면서 영어를 익혔다고 말하니 엄마로서 더 이상 무엇을 바랄까.

*　*　*

엄마표 영어로 아이가 영어와 평생의 친구가 되는 과정을 지켜보다 보니 이렇게 행복한 영어 습득 방법을 나만 알기는 아깝다는 마음이 들었다. 영어 하나 때문에 온 가족이 기러기 가족으로 살지 않아도 되고, 영어 유치원이나 값비싼 어학원에 다니지 않아도 되고, 아이를 다그치고 몰아붙이지 않아도 되는, 지금 당장 집에서 신나게 아이와 영어를 즐길 수 있는 방법이 여기에 있는데 왜 아무도 진지하게 생각해보지 않았을까?

내가 운영하는 교습소에서 아이들에게 내주는 숙제는 딱 두 가지다.

하나. 영어 영상 보기.
둘. 영어책 읽기.

부모들은 물론이고 학생들조차 처음엔 놀란다. 이런 평범하지 않은 영어 공부방을 시작해 오랜 기간 운영해오고 있다는 사실에 한 번 놀라고, 거대하게만 느껴졌던 영어라는 산을 너무나 간단하고 쉬운 방법으로 오를 수 있다는 사실에 또 놀란다.

시도해보지 않으면 그 안에 있는 진정한 기쁨과 가치를 알지 못한다. 늦었다고 생각하지 말고 지금이라도 부모와 아이가 함께 도전해 '영어가 일상이 되는 기적'을 누려보기 바란다. 이 책을 읽고 있는 많은 부모에게 해주고 싶은 말을 한마디로 요약하면 이것이다.

'영어로 아이와 친구가 되어보자.'

예전보다 접근이 훨씬 더 쉬워진 영어 콘텐츠의 홍수 속에서 이제 누구라도 마음만 먹으면 온 집 안을 영어로 가득 채울 수 있게 됐다. 굳이 원어민 선생님을 찾지 않더라도 부모의 적절한 지도와 현명한 동행만 있다면 아이의 일상에 영어를 뿌리내려줄 수 있게 된 것이다. 이제 그 안에서 상상할 수 없을 정도로 다채롭고 풍성한 영어를 아이의 삶에 선물해주자.

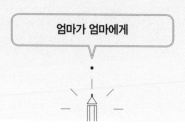

"워킹맘인데 퇴근하고 나면
도저히 시간이 나질 않아요"

초등학교 3학년 아이를 둔 엄마입니다. 아이와 함께 영상도 보고 그림책도 읽어보려고 애쓰지만 도통 시간이 나질 않네요. 평일에는 퇴근하고 돌아와 늦은 저녁을 차려 먹고 집안일 좀 하다 보면 하루가 금방 가버려요. 아이와 영어 공부를 하겠다는 생각은 엄두도 내지 못하고 있어요. 이렇게 마냥 아이를 놔둬도 될까요?

일과 집안일 때문에 몸이 열 개라도 부족하실 텐데 엄마표 영어에 관심을 갖고 도전 중이라니 진심으로 존경을 표합니다. 맞벌이 부부에게 엄마표 영어는 정말 쉽지 않죠. 저도 한때 워킹맘으로 아이를 힘겹게 키워봤고, 교습소와 다양한 영어 교육 일을 하며 일과 육아를 병행했죠. 그래서 아이 옆에서 모든 것을 지켜봐줄 수 없는 그 애타는 마음을 잘 알고 있습니다. 아이를 사랑하는 마음은 전업 맘이나 워킹맘이나 같으니까요.

일을 마치고 돌아와 밤마다 아이가 자기 전에 조금씩 영어책을 읽어주거나 짬을 내어 집중 듣기를 도와주는 것부터 시작하면 어떨까요? 엄마표 콘텐츠 영어에서 가장 중요한 '영어 영상 보기 활동'을 지속하기에는 물리적으로 어려움이 존재합니다. 아이를 돌봐주는 보모나 조부모에게 영어 영상 전용기기를 마련해드린 뒤 아이의 영상 시청을 지도해줄 것을 부탁하는 것을 추천합니다.

물론 그분들은 엄마표 영어에 대한 이해가 상대적으로 다소 부족할 테니 사전에 엄마표 영어에 대한 주의사항을 충분히 공유한 뒤 아이의 미래를 위해 영어 교육에 참여해줄 것을 정중하게 부탁해보세요. 예의를 갖추어 진심을 담아 설명하면 기꺼이 따라오실 겁니다. 엄마는 날마다 퇴근 후 아이가 어떤 영상을 보았는지 밝은 얼굴로 확인하고, 부족한 부분이 있다면 저녁 설거지를 하는 동안 해당 영상을 틀어놓아 자연스럽게 시청을 유도해주세요.

주의할 점은, 아이가 영상을 제대로 봤는지 너무 자세하게 확인하려다가 아이에게 불신감을 주어선 안 된다는 것입니다. 아이를 믿고 기다리는 것이 엄마표 영어의 가장 중요한 전제 조건이라는 점을 잊지 마세요. 관계가 우선입니다. 아이와 함께하는 공부 시간이 부족해 아이의 영어 실력이 성장하는 속도가 더디다고 걱정하지 마세요. 조금 천천히 가더라도 언젠가 작은 습관이 쌓여 영어를 진심으로 즐길 줄 아는 아이가 되면 전부 해결될 문제랍니다.

2교시

준비 운동

아이의 영어 인생을 떠받칠 4개의 기둥

✦

Behind every young child who believed in himself is
a parent who believed first.
스스로를 믿는 모든 아이들 뒤에는
그 아이들을 먼저 믿어준 부모가 있다.
– 매튜 제이콥슨

영어 습득에
늦은 때란 없다

목표가 '영어 완전 학습'인가요?

오랜 기간 엄마들과 소통해오며 많은 질문을 받았다. 그중 가장 많이 받은 질문은 이런 것들이다.

"엄마표 영어로만 진행해도 정말 괜찮은 건가요?"

"아이가 제대로 이해하지도 못하는 것 같은데 마냥 듣기만 시켜도 되나요?"

"우리 아이는 벌써 초등 고학년인데 너무 늦었겠죠?"

엄마들의 근심 어린 표정에는 한없이 부족한 것 같은 아이의 영어 실력에 대한 불안감이 서려 있다. 아이를 학원에 보내는 게

능사가 아니라는 것을 알고 있기에 나를 찾아왔겠지만, 막상 '엄마표 영어'라는 팻말 앞에 서면 주저하고 고민하는 그들의 마음을 이해하지 못하는 것은 아니다. 돌이켜보면 내가 처음 마음을 다잡고 아이와 엄마표 영어를 시작하던 시절도 크게 다르지 않았다. 아이가 읽는 영어책의 양이 너무 적은 것은 아닌지, 아이가 제대로 이해하지 못한 문법을 그냥 놔두고 넘어가도 되는지, 단어 암기량이 다른 아이들에 비해 턱없이 부족한 것은 아닌지, 이미 남들보다 한참 뒤처진 것은 아닌지…. 모든 것이 불안하고 두려웠다.

그러나 아이가 영어를 편안하게 느끼게 되면서 그런 걱정은 사그라들기 시작했다. 어차피 책이든 영상 콘텐츠든 아이가 이야기에 집중하며 영어를 습득했기에 모르는 단어가 나와도 큰 문제가 되지 않았고, 그 많은 단어를 전부 학습하는 것도 애초에 불가능했다. 완벽해야 한다는 마음을 내려놓으니 아이에게 뭔가를 자꾸 전달하려는 마음 역시 새털처럼 가벼워졌다. 미리 설명해주기보다는 아이가 먼저 물어보면 알려줬고, 내가 모르는 것은 아이에게 함께 찾아보자고 권유했다. 아이도, 나도 영어라는 친구와 친해지는 과정 그 자체를 즐겼던 것 같다.

그런데 적지 않은 학부모와 전문가가 아이에게 특정 언어를 빠르고 완벽하게 학습시키는 방법이 있다고 믿는다. 과연 영어를 처음 접하는 아이에게 완벽하게 영어를 가르치는 게 가능할까? 아니, 애초에 모국어가 아닌 언어를 모국어처럼 능수능란하게 사용한다는 것이 가능할까? 한국인 중에서도 한국어를 완벽하게 구사하는 사람은 매우 드물 텐데 말이다. 그런데 정말 많은 사람이 외국어를 배울 때 이런 생각부터 한다.

'얼마나 공부해야 외국어를 마스터할 수 있을까?'

엄마들도 이런 질문을 많이 한다.

"얼마나 반복해야 아이가 영어를 완벽하게 학습할까요?"

시시때때로 의미가 변하는 언어의 특성은 둘째 치더라도, 한국어조차 문법과 맞춤법에 맞춰 정확하게 사용하는 한국인을 찾기 힘들다. 기본적으로 언어라는 영역은 수학처럼 딱 떨어지는 '문제 해결'이 가능한 영역이 아니다. 따라서 무작정 영어를 마스터하는 데에 얽매이지 말고, '과연 내 아이는 얼마만큼 영어를 공부해야 하는가?'라는 질문부터 스스로에게 던져봐야 한다.

학교나 기관에서 치르는 시험을 대비하는 것이 목표인가? 아니면 세상과 소통하는 도구로써 영어를 공부하는 것이 목표인가? 그 어떤 매체로도 자유롭게 영어 콘텐츠를 즐길 수 있으며, 나아가 이를 도구 삼아 세계인과 소통할 수 있는 영어가 목표라면 영어를 A부터 Z까지 완벽하게 학습하겠다는 강박에서 벗어나도 된다.

그렇다면 어떻게 공부해야 할까? 해답은 '듣기'에 있다. 아이의 '듣기 총량'이 충분히 채워지면 완벽하지는 않아도 어느 정도 영어로 타인과 소통하는 것이 가능해진다. 따라서 처음 아이와 영어를 시작할 때는 아이가 신나게 즐길 수 있는 콘텐츠를 만날 때까지 최대한 다양한 영어책과 영어 영상 콘텐츠를 소개해줘야 한다. 아이와 시청한 영화의 한 장면, 혹은 함께 읽은 영어책의 한 대목을 활용해 워크시트를 만들며 발견하게 된 사실이 있다. 상당히 많은 문장의 패턴이 영화든 책이든 여러 스토리를 통해 수없이 반복되고 있다는 점이다. 굳이 하나의 영화나 책을 반복해 공부하지 않더라도, 그리고 까다로운 선별 과정 없이 다양한 영어 콘텐츠를 폭넓게 소비하다 보면 아이 몸속에 저절로 영어의 어순과 발음, 문법의 패턴 등이 쌓인다.

이렇게 충분한 듣기 총량이 채워지면 어느 순간 따라 말해보고 싶은 마음이 내면에 차오르고, 그때부터는 부모가 강제로 시키지 않아도 자기 혼자 마음의 목소리를 따라 영어를 술술 입 밖으로 내뱉게 된다. 이와 반대로, 듣기 총량이 채워지지 않은 상태에서는 아무리 가르치고 주입해봤자 내면의 목소리가 샘솟지 않는다. 마음이 동하지 않는 무리한 연습은 아이에게 고단하고 힘든 노동이 될 뿐이다.

아이의 영어 자존감이 폭발하던 순간

엄마표 영어를 시작한 지 1년 정도 지난 어느 날, 아이가 작은 종이에 영어로 *끄적끄적* 문장을 적어 내게 보여줬다.

He like what you like. (그는 네가 좋아하는 것을 좋아해.)

문법이 정확하진 않았지만 의미는 이해할 수 있었다. 그리고 놀랍게도 그 문장에는 선행사가 포함된 복잡한 관계대명사 'What'이 포함되어 있었다. 물론 어색한 문장이었지만 적어도 뜻은 통하는 문장이었기에 굳이 지적하지 않고 아이를 꼭 안아줬다. 아이는 관계대명사가 포함된 어구를 스스로 만들어냈다는 사실에 신기함과 뿌듯함을 느끼는 것 같았다. 물론 나도 마찬가지였다.

그 뒤로 아이가 일상에서 영어를 사용하는 빈도가 부쩍 늘었다. 즐겨 보던 영화의 대사가 입에서 자연스럽게 튀어나오기도 하고, 꾸준히 썼던 영어 일기에서도 자신만의 문장을 만들어 적었다. 이때부터 '이 길이 맞는 걸까?' 하는 의구심은 흔적도 없이 사라졌다. 기대감과 설렘이 그 빈자리를 채웠다.

그렇지만 지나치게 자유로운 엄마표 영어 방식 때문에 자칫 기초가 부족한 아이가 되지는 않을까 싶어 걱정도 되었다. 그래서 아이가 6학년이 되면서부터는 문법 용어의 추상적 개념을 조금씩 알려줬고, 중학교 수업을 대비하고자 본격적인 영어 문법을 조금씩 가르쳤다. 하지만 여전히 문법 문제 풀이보다는 충분한 '듣기'가 바탕이 되는 '쓰기'와 '말하기' 위주의 엄마표 영어를 유지했다.

당시 아이가 쓴 영어 일기에는 수많은 오류로 가득 찬 문장이 적혀 있다. 하지만 오히려 이런 '부족함'의 흔적이 중학교 이후 본격적으로 문법을 배우며 자신의 수준을 이해하는 밑거름이 되었고, 실제로 중학교에 올라간 아이는 노트에서 자신이 잘못 쓴 동사의 시제를 고쳐 적기까지 했다. 초등학교 시절 아이에게 원 없이 허락한 '자유 글쓰기Free Writing'의 결실이었다. 당시 아이가 범한 오류 하나하나에 잔소리를 하지 않고 그냥 넘어갔던 보람도 함께 느꼈다. 물론 꾸준히 영어책을 읽고 영어 영상 콘텐츠를 시청하며 쌓아온 수많은 어휘와 문장의 패턴에 대한 이해력이 든든하게 뒷받침된 덕분이기도 했다.

이렇게 설명해드리면 또 많은 학부모가 이렇게 질문한다.

"그럼 우리 아이는 구체적으로 매일 몇 쪽의 책을 읽어야 하나요? 그리고 몇 분 동안 영상을 시청해야 하나요?"

다시 말하지만 이제 막 영어를 즐기기 시작한 아이에게 가장 필요한 것은 영어에 대한 나쁜 기억을 없애고, 그 자리를 호기심과 흥미로 가득 채워 아이의 잠든 '영어 머리'를 깨우는 일이다. 자, 아이에게 '얼마나'를 요구하기 전에 스스로에게 먼저 질문해보자.

'우리는 하루에 얼마나 일을 해야 할까?' '얼마나 많은 돈을 벌어야 할까?' '얼마나 많은 책을 읽어야 할까?' '얼마나 많은 시간을 학습에 투자해야 할까?'

'얼마나'의 문제는 그 누구도 나 대신 답변해줄 수 없다. 근본적인 삶의 철학과 재정 상태에 따라 다르고, 상황과 마음가짐에 따라 다르기 때문이다. 여기에 대한 자신만의 답이 있는 자존감 있는 부모라면 아이에게도 '얼마나'를 무조건 강요할 수 없으리라. 따라서 양보다 중요한 것은 교육의 방향이고, 우리가 끝까지 고수해야 할 교육의 방향은 영어 콘텐츠에 대한 아이의 흥미다.

아이 스스로 필요를 느끼는 순간이 영어를 배워야 할 때

그럼 엄마표 영어를 시작하기에 가장 좋은 나이는 몇 살일까? 초등 6학년 자녀를 둔 학부모가 내게 엄마표 영어를 지금 시작해도 되는지 물어온 적이 있다. 6학년이라면 이미 외국어를 배우는 언어의 뇌가 급격히 발달하는 만 6~12세가 끝나는 시점이기에 그 전부터 영어에 노출된 아이들에 비해 영어를 자연스럽게 습득하기에 불리한 것은 사실이다. 게다가 중학생만 되어도 과도한 학습을 강요받는 아이들에게 적지 않은 시간을 꾸준히 투자해야 하는 모국어 습득 방식의 엄마표 콘텐츠 영어를 마냥 권하기란 난감하다. 하지만 어른이 되어서도 영화를 통해 언어를 습득한 사례를 책이나 유튜브에서 쉽게 찾아볼 수 있지 않던가.

그러니 조금 늦어도 괜찮다. 입시를 떠나 인생을 살아갈 때 든든한 힘이 되어줄 영어라는 언어를 아이에게 가르치고 싶다면 말이다. 아이의 사춘기를 이겨낼 탄탄한 관계를 다진 가정이라면 아이와 상의한 다음 세부적인 단기 목표를 정해 진행해도 늦지 않다.

언젠가 고등학생들이 찾아온 적이 있다. 그동안 학원에서 공부한 방식이 효율적이지 않았다고 토로한 학생들은 학습의 동기가 갖추어지지 않은 채 무작정 영어 공부를 시작했다고 고백하며, 이제라도 '말하는 영어'를 해보고 싶다고 말했다. 눈앞의 입시와는 상관없이 영어라는 언어를 제대로 배워 정복해보겠다는 아이들의 용기와 굳은 결심 앞에서 왠지 모를 애처로움을 느꼈다. 결국 학생들의 부모님과 충분히 상의한 후 영화와 책으로 소통하며 콘텐츠 영어를 가르치기 시작했다. 학교나 학원에서는 접할 수 없었던 생생한 콘텐츠를 통해 영어를 배우니 아이들의 표정에서 어느새 즐거움이 새어 나왔다. 영어가 더 이상 지루하고 딱딱한 이론과 공식이 아니라 흥미진진한 스토리가 담긴 생생한 소리가 되어 다가오니 얼마나 반가웠을까. 실력 향상은 덤일 뿐이었다.

물론 아이들이 입시를 아예 준비하지 않은 것은 아니다. 영어를 가르치면서 틈날 때마다 진로에 대한 고민을 함께 나누었고, 몇몇 아이는 다시 입시 준비를 위한 학습 영어로 회귀했다. 그러나 콘텐츠가 중심이 되는 영어의 본질을 직접 체험하며 만끽한 '영어의 기쁨'은 훗날 자신들의 진로와 미래를 탐색하는 데 작은 동인으로 작용했을 것이다.

전두엽의 질적 발달이 무르익어가는 중고등학교 시절은 어쩌면 영어를 배우기에 가장 적절한 시기가 될 수도 있다. 재미와 흥미로만 접근하는 데 그치지 않고, 다양한 영상 콘텐츠로 듣기 능력을 의식적으로 키울 수 있을 뿐 아니라 어휘나 문법이 쓰이는 다양한 맥락과 상황을 주도적으로 공부하며 비교적 짧은 시간에 읽기 능력을 키울 수 있기 때문이다.

학년이나 나이, 단계가 중요한 게 아니다. 중학생이면 어떻고 고등학생이면 어떤가. 혹은 마흔이 넘은 아이 엄마면 또 어떤가. 영어를 공부하기에 가장 좋은 연령대란 없다. 그저 자신의 인생에 영어가 꼭 필요하다고 느끼는 순간이 최적의 영어 공부 시점이다. 그리고 부모에게 책임이 있다면 바로 '그 순간'에 아이가 새로운 언어를 가장 즐겁고 행복하게 익히도록 돕는 일뿐이다.

잠든 '영어 머리'를 깨우는 '영어효능감'의 비밀

막내딸을 끔찍이 사랑하셨던 어머니는 내게 좀처럼 요리하는 일을 시키지 않았다. 그 탓에 간단한 요리 레시피 하나 모른 채 덜컥 결혼을 하게 됐고, 어느 날 처음으로 남편을 위해 음식을 만들어야 하는 순간이 찾아왔다. 인터넷을 뒤져 된장찌개 만드는 방법을 찾아낸 뒤 가까스로 요리를 시작했다. 원래 된장찌개를 별로 좋아하진 않았지만 내가 직접 만들어놓고 보니 된장 특유의 구수한 맛과 재료들의 식감이 너무나 근사했다. 멸치와 마늘의 향이 이토록 음식의 맛을 풍부하게 만들어주는지 이전에는 미처 몰랐다.

내가 만든 첫 요리를 접한 가족과 친구들은 맛이 없다고 놀리곤 했지만 내 손으로 직접 만든 그 음식이 내 입맛에는 그렇게나 맛있을 수가 없었다. 언제나 내게 조금이라도 더 먹으라고 권했던 어머니의 잔소리를 간섭으로 여겼던 내가 직접 엄마가 되어 요리를 해보니 이 음식들이 얼마나 값지고 맛있는지 비로소 깨닫게 되었다.

아이를 키우며 알게 된 지혜 중 하나는 '정말 좋은 것을 아이가 누리게 하려면 스스로 할 수 있는 기회를 주어야 한다'는 것이다. 부모가 옆에서 아무리 잔소리를 해도 아이가 스스로 필요를 느끼지 않는 이상 변화는 일어나지 않는다. 영어를 정말 잘하게 해주고 싶다면 아이 앞에 밥상을 차려놓고 수저를 들고 음식을 떠먹이는 게 아니라, 그저 다양한 재료를 소개만 해주고 아이 스스로 구미에 맞는 재료를 선별해 요리할 수 있는 기회를 줘야 한다. 부모가 아무리 맛있는 음식을 만들어줘도 아이가 수저를 들지 않으면 아무 소용이 없다. 답답하고 초조한 마음에 아이에게 자꾸만 억지로 싫어하는 일을 시키니 관계가 멀어지는 것은 당연하다. 관계가 멀어지면 아이에게 영어를 전할 통로는 더 좁아진다. 그렇게 악순환이 거듭된다.

우리의 행동을 이끌어내는 것은 타인의 일방적 강요가 아닌, 삶을 주체적으로 경영하고 싶은 내면의 동기다. 부모에게 할 일이 있다면 아이의 곁을 지키며 아이가 어긋나지 않도록 건강한 울타리를 넓게 쳐주는 일뿐이다. 아이의 울타리 안으로 함부로 들어가려고 하지 말고, 그 곁에 가만히 서서 아이의 목소리에 귀 기울이는 것만으로도 충분하다.

아이의 '영어 머리'가 깨어날 때까지 마냥 기다리고만 있는 게 불안하다는 부모들을 많이 봐왔다. 그들은 아이를 학원에라도 보내면 초조한 마음이 조금은 누그러질 것 같다고 말한다. 사실일까? 나는 지난 수년간 영어 교습소에서 아이들을 모아 직접 영어를 가르쳐왔다. 부모는 아이가 적어도 학원에서만큼은 영어 공부에 집중할 것이라고 믿는다. 하지만 현실은 전혀 달랐다. 몸은 학원에 나와 있지만 온통 집에 갈 생각에 빠져 무의미한 시간을 보내는 아이가 생각보다 많았다. 만약 내 아이가 부모의 등쌀에 억지로 학원에 등원해 하루하루를 그런 식으로 고통스럽게 보낸다고 생각해보자. 이보다 끔찍한 일이 또 있을까?

그러니 가정에서 다소 느슨하게 아이의 영어 습득이 진행된다고 하더라도 너무 초조하게 생각하지 말자. 어학원에서 공부한다고 해서 모든 아이가 높은 성적을 받는 것도 아니고 온전히 그 수업에 몰입할 수 있는 것도 아니다. 진짜 중요한 것은 아이 내면의 의지다.

종종 엄마들이 내게 하소연하는 고민이 있다.

"옆집 아이는 벌써 영어로 쓴 소설을 읽고 있다는데 우리 아이는 아직 시작도 못 했어요."

이미 남들은 다 읽고 있을 것 같은 영미 소설을 내 아이는 시작도 못해 불안한가? 나는 어린아이가 외국 소설을 원서로 막힘없이 술술 읽는 것보다는, 몇 안 되는 영어 단어일지라도 집에서 스스로 습득한 영어로 길에서 만난 외국인과 손짓 발짓 써가며 한 번이라도 대화를 나누는 것이 훨씬 더 값진 경험으로 남는다고 믿는다.

내가 배운 것이 내 안에 쌓여 쓸모 있게 활용될 수 있으리라는 것을 자각하는 기분, 이것이 바로 효능감이다. 영어를 통해 그런 감각을 어렸을 때부터 일상적으로 경험한 아이일수록 영어를 두려워하지 않고 영어를 친구처럼 편하게 대한다. 우리는 이런 아이를 '영어효능감'이 높은 아이라고 말한다.

내 아이가 영어를 좋아하도록 만들어주는 가장 쉬운 방법은 아이 마음속에 바로 이 '영어효능감'을 심어주는 것이다. 영어 습득에서 가장 중요한 것은 '학습량'(얼마나 공부시켜야 하나요?)도 아니고 '조기 학습'(언제부터 공부시켜야 하나요?)도 아니다. 우리 아이들의 영어 학습량은 결코 부족하지 않다. 오히려 넘친다. 그리고 늦은 때란 없다.

그러니 초조하게 생각하지 말고 느긋한 마음으로 아이가 일상에서 영어의 효과를 온몸으로 느낄 기회를 충분히 주자. 학원이나 학교에선 결코 경험할 수 없는 이 특별한 감정은 아이가 지치지 않고 영어를 공부하는 데 가장 뜨거운 원동력이 될 것이다.

두 번째 기둥: ESL 환경

영어의 기본은
'읽기'가 아니라 '듣기'다

아이가 한 번 말하기까지 얼마나 많이 들어야 했을까

작은아이가 말 배우기에 한참이던 어느 날 내게 더듬더듬 말을 걸어왔다.

"엄마… 고끔밥… 고끔밥…."

무슨 말인지 몰라 갸우뚱했지만 이내 아이가 '볶음밥'이라는 말을 잘못 발음했다는 것을 깨달았다. 아이가 과연 볶음밥이 무엇인지 몰라 저렇게 말했을까? 아이는 자기가 떠올린 '대상'이 무엇인지 알고 있었지만, 그것을 말로 표현하는 데 서툴렀을 뿐이다. 그렇다고 내가 아이에게 평소에 '볶음밥'이라는 단어를 '고끔밥'

이라고 가르쳤을까? 아니다. 오히려 나는 아이에게 최대한 또박 또박 예쁘게 말을 하려고 노력했다.

그런데도 아이의 입에서 나온 말은 '볶음밥'과는 전혀 다른 너무나 귀엽고 엉뚱한 말이었다. 세상에 존재하지도 않는 단어였지만 아이가 처음 소리로 내뱉은 그 말이 너무나 사랑스러웠고, 어느새 비슷하게나마 말을 하는 아이의 모습이 신기했다. 이후로도 한동안 아이는 '볶음밥'을 '고끔밥'이라고 말했지만, 지금은 더 이상 들을 수 없는 그리운 말소리가 되었다.

아이가 일상에서 수없이 들어 의미는 이해했지만 발음을 제대로 몰라 어설프게나마 처음 흉내 냈을 때를 떠올려보자. 부모라면 태어나 처음으로 자신이 말하고 싶은 단어를 내뱉은 아이에게 왜 똑바로 발음을 못 하느냐고 꾸짖거나 실망하지 않는다. 오히려 그 말을 알고 있다는 사실만으로도 그저 흐뭇하고 마냥 사랑스러울 것이다.

아기가 한마디를 더듬더듬 밖으로 뱉어내기까지 얼마나 많은 우리말 소리를 들어야 했을까? 아침에 엄마가 깨우는 소리부터 옆집 엄마와 나누는 대화, 할머니 집에 놀러 갔을 때 들려오는 어른들의 말소리, 간혹 누군가 자신에게 말 붙여주는 소리, 그리고 일상에서 늘 들리는 텔레비전이나 다양한 미디어 소리, 자기 전에 부모님이 책 읽어주는 소리까지. 이 모든 것이 아이들에게는 우리말을 입 밖으로 내게 만들어주는 다양한 '소리 자극'이다.

영어도 마찬가지다. 일상에서 아이에게 늘 풍부한 영어 소리 자극이 전해진다면 아이가 우리말을 배워 입으로 내뱉었듯 언젠가 영어도 자연스럽게 말하게 되지 않을까? 어린 시절에 충분한 소리 자극이 주어지면 그 풍부한 언어들은 아이의 뇌 속에 하나의 패턴으로 자리를 잡고, 이 패턴이 일상의 다양한 경험과 맞물려 아이의 뇌를 자극하다 보면 결국 영어를 모국어처럼 듣고 말할 수 있지 않을까?

아이의 입에서 '볶음밥'이 '고끔밥'으로 나오기까지는 아주 오랜 시간이 필요했다. 이처럼 수많은 언어 자극이 장시간 폭넓게 쌓여야 아이는 비로소 몇 마디 '유사 언어'로나마 소통이라는 것을 시작한다. 소통을 통해 다양한 관계가 형성되면 좀 더 정교한 언어를 구사하고 어눌했던 발음도 더욱 정확해진다. 아이를 키워본 엄마라면 이러한 언어 습득 과정을 잘 알고 있을 것이다. 그런데 이렇게 단순한 원리를 모를 리 없는 대다수 학부모, 선생님들은 대체 왜 영어에만 그토록 무지막지한 '읽기' 위주의 암기식 학습을 일방적으로 강요했던 걸까?

아이를 '영어의 바다'에 빠뜨리자

아이에게 '들리고 말하는 영어'를 가르치겠다고 선언하고 나서 가장 먼저 다짐했던 것은 앞으로 몇 년간은 무조건 '영어 소리'를 최대한 많이 들려주겠다는 것이었다.

그 첫 시작은 집 안에 원어민의 말소리가 가득한 환경을 만들어주는 것이었다. 이를 'ESL 환경'이라고 부르는데, 여기서 'ESL'

이란 'English as a Second Language'의 약자다. ESL 환경은 일상에서 모국어(제1언어) 다음으로 영어(제2언어)가 사용되는 환경을 뜻한다. 그렇다면 엄마표 영어가 아니라, 아예 영어권 국가로 유학을 보내는 것이 훨씬 더 효과적이라는 생각이 들 수도 있다. 비용적인 면을 차치하면 유학이 정말 아이를 위한 최고의 영어 교육일까?

영어권 국가로 유학을 가더라도 원어민들과의 소통을 피하고 방 안에 틀어박혀 있거나 한국인 친구들만 사귀려 든다면 역시 ESL 환경을 충분히 누린다고 볼 수 없다. 그렇기 때문에 어마어마한 비용을 투자해 유학을 다녀왔다고 해도 노력 여하에 따라 영어 실력의 차이가 클 수밖에 없다. 또한 영어책을 두루 읽으며 읽기 능력을 키우려고 부단히 노력하지 않는다면 실질적인 소통을 위한 영어는 물론 읽기 능력도 초보 수준에 머무를 뿐이다. 아무리 주변 환경이 잘 갖춰져 있어도 본인이 그 환경을 어떻게 활용하느냐에 따라 효과는 천차만별이다.

반대로 영어를 실제 생활에서는 거의 사용하지 않고 '학습의 대상Target Language'으로만 삼는 것을 'EFL'이라고 부른다. 'English as a Foreign Language'의 약자다. 한국에서처럼 영어를 그저 외국어로 접근하고 학습하는 환경이 바로 이에 해당한다. 일본이나 중국 등 이웃 나라들도 여기에 해당하며, 이런 방식의 학습은 마치 역사나 과학의 이론을 암기하듯 영어를 달달 외우고 다시 까먹기를 반복하는 악순환을 거듭할 뿐이다.

그런데 영어가 모국어가 아닌데도 영어를 마치 모국어처럼 배우고 사용하는 나라가 있다. 바로 핀란드다. 크게 보면 우리와 같은 우랄·알타이어 계열인 핀란드어를 사용하는 핀란드인들은 텔레비전 방송에서 모국어와 동일한 분량의 영어 방송을 일상적으로 집 안에서 즐긴다. 학교 교육도 마찬가지인데, 아이들은 초등 교육을 받을 때부터 영어 문법에 기초한 읽고 쓰는 교육 대신 영어를 듣고 말하는 실전 연습 기회를 더 많이 얻는다. 교사들도 실제로 외국인과 소통할 수 있는 언어를 가르치고자 다양한 미디어를 활용해 아이들의 입에서 영어가 튀어나오도록 돕는다.

물론 핀란드도 1960년대부터 1970년대까지는 문법에 기초한 '다운탑 방식'의 영어 교육을 고수했다. 그러나 점점 낮아지는 학업성취도를 의식해 교육 정책을 바꿨고 잇달아 과감한 교육 개혁을 추진했다. 모든 과목을 절대평가하는 것도 모자라 아예 지필 시험을 없애고 학생 스스로 세운 학습 목표를 기준으로 평가하는 완벽한 자기주도 학습을 교육 현장에 정착시켰다.

하지만 이것만으로는 부족하다. 핀란드 학생들이 다른 나라의 학생들보다 유독 영어를 잘하고 영어에 대한 두려움과 스트레스에 괴로워하지 않는 비결은 무엇일까? 핀란드 아이들은 어렸을 때부터 일상에서 자유로이 유튜브나 넷플릭스 등 영어 콘텐츠를 즐긴다. 그리고 이런 국가가 유럽에 또 있다. 독일 역시 아이들이 영어 공부를 처음 시작할 때부터 노래나 영상 등 다양한 시청각 미디어를 활용해 살아 있는 언어로서의 영어를 전달하려고 노력한다. 상황과 맥락에 따른 영어의 실제 소리를 아이들이 더 재미있게 익히도록 다양한 교육법을 개발하고 있다. 그 결과 핀란드와 독일은 온 국민이 영어를 일상에서 자유롭게 구사하는 나라로 거듭났다.

오직 읽기와 듣기만 한 아이
vs. 유명 어학원에서 3년간 공부한 아이

언젠가 재취업을 하게 되면 영어를 가르칠 수 있겠다는 생각이 들어 동네 아이 친구들을 모아 큰아이와 함께 영어 위인전 수업을 몇 차례 진행한 적이 있다. 당시 나는 학창 시절 시험으로 단련된 문법 실력을 끌어모아 '독후 질문지'를 만들어 아이들과 둘러앉아 영어책을 함께 읽고 서로 질문을 던지는 토론 수업을 열었다. 그런데 이때 오직 읽기와 듣기만으로 영어 실력을 다져온 큰아이와 유명 어학원에 꾸준히 다니는 친구들과의 중요한 차이가 눈에 들어왔다.

구체적인 책 내용을 묻는 질문에 당시 아이 친구들은 답에 해당되는 본문의 내용을 찾아 그대로 따라 쓰거나 읽은 반면, 집에서 꾸준히 엄마표 영어를 실천한 큰아이는 비록 짧은 문장이더라도 책 속 문장에 의존하지 않고 자신의 생각을 스스로 표현했다. '영어 듣기 환경'의 위력을 체감하는 순간이었다. 아이는 일기를 쓸 때도 막힘이 없었다. 문법과 해석 위주로 영어를 공부한 우리 세대는 혹시나 시제가 틀릴까, 단어 위치가 틀릴까 노심초사하며 간단한 영어 문장 하나를 쓰는 데에도 적지 않은 시간이 걸렸는데 말이다.

그러니 결론은 딱 한 가지다. 아이가 영어를 모국어처럼 듣고 말하게 하려면 그 언어에 최대한 많이 노출시켜야 한다. 처음에는 '마더구스Mother Goose'(예로부터 영미권 어린이들의 입에서 전해져 오는 전통적인 노래나 시) 같은 반복되는 리듬감 있는 노래를 흘려 들어도 좋다. 원어민이 읽어주는 조용한 동화도 좋다. 내용을 전부 이해하지 못하더라도 '세상에는 이런 다양한 언어의 소리가 존재한다는 사실'을 인식할 수 있게 해준다면 그것만으로도 충분히 의미가 있다. 영어에는 우리말로는 발음이 안 되는 소리도 많고, 고유한 연음이나 인토네이션(억양)까지 함께 발화되어야만 의미가 전달되는 단어도 많다. 그러니 모든 것을 한국어로 통역해서 알려주지 않아도 된다.

하지만 아쉽게도 우리 집을 당장 핀란드와 독일처럼 만들 수는 없다. 영어가 일상인 나라로 이민을 가는 것도 방법이 될 순 없다. 우리는 지금 당장 여기서 가장 손쉽고 확실하게 실현할 수 있는 우리만의 엄마표 영어 방식을 찾아야만 한다. 그래서 나는 공부방을 시작할 때 주기적인 교육 간담회를 열어 엄마들에게 이러한 과정에 대해 설명했고, 수업에서는 최대한 영어 영상과 책을 활용해 영어와 친해지는 시간을 먼저 만들어주고자 노력했다.

아직도 영어가 두렵기만 한가요?

물론 일상에서 보통의 아이들은 우리말을 훨씬 더 많이 사용한다. 그러므로 실제 영어 말하기나 쓰기를 해야 하는 상황이 주어졌을 때 문법이나 암기했던 문장을 기억해내려 갖은 애를 써야만 한다. 그러나 부모의 도움으로 일상에서 충분한 영어 듣기 환경이 주어진 아이들은 '암기'라는 노력 없이도 무수히 들었던 표현이나 단어를 사용해 기본적인 말을 만들어낼 수 있다. 모국어를 익힐 때 '노력'이 없이도 점차 소통이 가능해졌던 것처럼 말이다.

읽고 쓰는 영어 교육만 받아온 사람에게 외국인이 말을 걸었다고 생각해보자. 보잘것없는 영어 실력이 너무 창피해 초조하게 영어 단어를 떠올리는 모습을. 하지만 맞은편의 외국인은 우리에게 대답을 강요하거나 재촉하지 않는다. 상대의 영어 실력이 완벽하지 않다는 것을 당연하게 여기고 충분히 생각할 시간을 준다.

반대로, 여행을 온 외국인이 서툰 한국어로 길을 묻는다면 우리는 어떻게 행동할까? 이방인의 말을 인내심을 갖고 들어줄 것이다. 그러니 영어라고 해서 덮어놓고 두려워하지 말자. 집에서 다양한 영상 콘텐츠로 영어를 즐긴 우리 아이들은 언젠가 낯선 외국인을 만나는 상황에 부딪혀도 부모 세대인 우리보다 훨씬 편하게 이야기를 나눌 것이다. 지금 아이들에게 필요한 것은 그 누구를 만나도 열린 마음으로 대화하려는 긍정적 태도와 스스로를 창피하게 여기지 않는 자존감이다.

다양한 콘텐츠를 통해 영어를 일상에서 늘 접해온 친구들은 그렇지 않은 친구들에 비해 비교가 안 될 정도로 문법이나 문장 패턴에 더 자주 노출되어 왔다. 굳이 문법 이론을 배우지 않더라도 '목적어', 'to부정사', '5형식 문장' 등의 쓰임을 감각적으로 익힐 수 있기에 영작을 시켜보면 신기하게도 자연스럽게 문장을 뚝딱 만들어낸다.

Mom made me a coat. (엄마가 내게 코트를 만들어주셨어요.)

Have you ever read this book? (이 책을 읽은 적이 있니?)

My teacher asked me clean the classroom. (선생님은 내게 교실 청소를 시켰다.)

마지막 예문은 "My teacher asked me to clean the classroom" 이라고 적는 것이 정확하지만, 중간에 'to'를 빼더라도 소통에는 크게 문제가 되지 않는다. 정확한 문법 용어를 배운 적 없는 아이들이지만, 이처럼 영작을 시켜보면 충분히 소통이 가능한 문장을 술술 써 내려간다.

엄마표 콘텐츠 영어의 가장 큰 장점이 이것이다. 평소 ESL 환경으로 듣기 경험을 탄탄하게 갖춘 아이들은 따로 문법을 공부하고 단어를 암기하지 않아도 영어로 쓰고 말하는 데 부담을 느끼지 않는다. 그러니 이제부터라도 아이의 일상을 '영어 습관'으로 가득 채워 영어에 대한 막연한 공포를 몰아내고 그 자리를 재미와 용기로 채워주자.

온라인 스토리북은
어떻게 활용하나요?

부모가 직접 아이에게 책을 읽어주지 않아도 원어민의 생생한 목소리로 영어책을 들려줄 수 있는 방법이 있다. 바로 다양한 '스토리북 낭독 영상 플랫폼'이 그것이다. 원어민이 직접 영어책을 읽어주는 콘텐츠를 '스토리북' 혹은 '온라인 스토리북'이라고 부른다.

먼저 스토리북을 읽어주는 다양한 유튜브 채널을 구독하고 활용해보자. 영국의 BBC가 운영하는 미취학 아동 대상 교육 채널 'CBeebies'의 'Bedtime Stories'나 'Storyline Online'이라는 책 읽어주기 자원봉사 채널에서 편안한 시간에 아이가 영상 섬네일을 보고 직접 골라 듣게 해보자. 영어 영상 보기를 1년 이상 한 친구들은 듣기 이해력이 높아 쉽게 이야기에 몰입할 수 있을 것이다.

아이가 잘 본다면 굳이 옆에서 뜻을 묻거나 흐름을 방해하지 말고 시청을 마친 다음에 전반적인 스토리를 즐겼는지 정도만 물어보자.

이 밖에도 영미권 '스토리텔러'(영어로 된 글을 전문으로 낭독해주는 사람)가 영어책을 낭독하는 영상은 책 제목만 검색하면 쉽게 찾아볼 수 있다. 전 세계 어린이가 열광하는 시간 여행 이야기 시리즈 'Magic Tree House'(국내에서는 『마법의 시간 여행』이라는 제목으로 번역 출간되고 있다)는 저자가 직접 읽어주는 오디오북을 공식 홈페이지를 통해 제공한다. 요즘엔 유튜브 말고도 LG유플러스 등 통신사에서 운영하는 다양한 콘텐츠 플랫폼 서비스를 통해서도 영어책 읽어주는 영상을 쉽게 접할 수 있다.

어떤 수단으로 아이에게 영어 이야기를 들려주든 중간중간 지켜보며 극적인 장면에서는 따로 추임새를 넣어주거나 어려운 단어는 옆에서 우리말 뜻을 찾아주자. 그림만으로는 유추가 어렵거나 문장이 복잡해 이해가 가지 않을 것 같으면 아이의 허락을 구해 잠시 스토리북을 멈추고 맥락을 설명해주는 것도 좋다(물론 아이가 부모의 개입을 싫어하면 중간에 멈추지 않는 것이 좋다). 스토리북을 포함해 영어로 된 영상 콘텐츠를 시청하는 습관을 들이는 초반에는 여건이 된다면 부모가 함께 시청하는 것이 가장 좋다.

끝으로, 접근성이 편리한 국내외 스토리북 낭독 영상 플랫폼을 소개한다.

에픽
getepic.com

다독을 위한 영어 듣기 환경을 만들 때 가장 추천하고 싶은 온라인 영어 도서관이다. 아이들의 호기심을 충족시켜 줄 수많은 콘텐츠가 가득하며, 미국 현지에서도 많은 사람이 활용하고 있다. 모든 책에 독후 활동이나 문제풀이 서비스가 제공되지는 않지만, 자유롭게 이용할 수 있는 방대한 양의 온라인북을 보유하고 있다. 태블릿과 모바일로 언제 어디서든 쉽게 접근할 수 있다. 처음 1개월간은 무료로 사용할 수 있다.

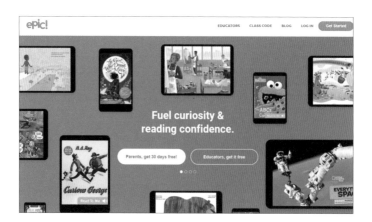

마이온

myon.com

'에픽'에 비해 장서는 다양하지 않지만 리딩 레벨에 따라 선별한 양질의 책을 이용할 수 있다. 또한 책을 읽다가 그때그때 모르는 어휘에 커서를 대면 영영 사전처럼 뜻을 알려줘 정독에 큰 도움을 준다. 딱 한 번이라도 이용한 책이 있으면 그 책과 유사한 분야의 책들을 자동으로 추천해줘 자연스럽게 다독으로 이어질 수 있다.

리딩게이트

readinggate.com

단계에 따라 점차 읽기 능력을 키우기 좋아 문제풀이식 독후 활동을 즐기는 친구들에게 특히 좋다. 그러나 방대한 다독이 필요한 엄마표 영어 초기에는 읽는 책마다 부과되는 과도한 문제풀이가 영어책에 대한 흥미도를 떨어뜨릴 수 있으니 주의할 필요가 있다. '간편 가입'을 통해 처음 이틀간 무료로 이용할 수 있다.

라즈키즈
raz-kids.com

미국과 캐나다 소재의 공립학교에서도 폭넓게 활용되는 온라인 영어 도서관이다. '리딩게이트'처럼 단계별로 원서를 읽고 난 후 독후 문제 풀이를 유도하는 시스템이다. 그러나 '리딩게이트'에 비해 권당 문제 개수가 적어 아이들이 접근하기에 비교적 더 수월하다.

세 번째 기둥: 스토리

언어는 '학습'의 대상이 아니라 '소통'의 수단이다

"엄마, 숙제는 왜 하는 거예요?"

아이를 낳고 느꼈던 생명의 경이와 감동이 일상에서 조금씩 잦아들 무렵이었던 것 같다. 부모라면 결코 벗어날 수 없는 욕심이 내게도 찾아왔다. '소중한 내 아이는 내가 겪는 여러 한계에서 벗어나 더 멋진 인생을 살았으면 좋겠다.'

이 아이를 어떻게 하면 나보다 더 나은 삶을 살아가도록 교육할 수 있을까? 세상을 살아가며 꼭 필요한 지식은 너무 많지만, 그중에서도 영어는 그 모든 지식에 다가갈 수 있는 통로이지 않을까? 아이가 더 넓은 세상을 두루 탐색하고 경험하기 위해서는

94　기적의 콘텐츠 영어 수업

영어를 좀 더 제대로 배워야 하지 않을까?

내 아이만큼은 더 이상 듣지도 말하지도 못하는 영어에서 벗어나게 해주고 싶었다. 그렇게 꾸준히 실천한 '하루 한 편 무자막 영화 보기'와 '매일 영어책 읽기'의 효과는 생각보다 컸다. 2~3년 이상 지속되자 첫째 아이는 말이 빠른 시트콤을 보면서 내게 줄거리와 캐릭터를 설명해주기도 했고, 나는 전혀 들리지 않는 유머를 혼자 이해하고는 깔깔대기도 했다. 어느 날 아이는 학원에서 오랜 기간 영어를 공부했지만 여전히 영어를 즐기지 못하고 진도를 따라가는 데만 급급한 한 친구의 이야기를 내게 들려줬다.

> 엄마, 우리 학교 짝꿍은 날마다 학원에서 영어 원서 『매직 트리 하우스(Magic Tree House)』 두 페이지씩 읽고 해석하는 숙제를 한대요. 근데 그런 숙제가 왜 필요해요? 그냥 읽으면 이해되는데 불편하게 꼭 한국말로 뜻을 써야 하나요? 짝꿍이 그 책에 자주 나오는 "Oh, man!"을 뭐라고 해석했는지 알아요? "오, 남자!" 이렇게 노트에 쓰더라고요. 맙소사!

나도 모르게 안타까움이 뒤섞인 미소가 흘러나왔다. 외국인과 실제로 소통할 수 있는 영어는 단순히 책에 나온 단어의 뜻을 외우거나 문법의 규칙을 공부해 시험 문제를 풀어내는 것만으로는 습득할 수 없다. 학교와 학원에서 여전히 많은 아이가 영어 단어의 우리말 뜻을 외우고 있지만, 맥락에 따른 단어의 다양한 쓰임을 경험하지 못하면 이는 반쪽짜리 지식에 지나지 않는다.

단어 암기만으론 결코 이해할 수 없는 것

교습소를 하다 보니 정말 다양한 영어 실력을 지닌 아이를 만나게 된다. 한 초등 고학년 아이의 영어 실력을 테스트하고자 아이에게 리더스북 몇 페이지를 읽어보게 했더니 쉬운 문장들을 곧잘 읽다가 어느 한 문장에서 머뭇거렸다.

He wanted to play pirate. (그는 해적놀이를 하고 싶었다.)

그동안 학원에서 'play'의 뜻을 '놀다'라는 동사나 '연극'이라는 명사로만 외웠기 때문에 'play' 뒤에 '해적'이라는 명사가 오니 어떻게 해석을 해야 할지 망설여졌던 것이다.

어떤 아이는 이런 아주 단순한 문장을 어려워하기도 한다.

He wanted to win the prize. (그는 상을 받고 싶었다.)

이 친구는 날마다 수십 개의 단어를 다 외우지 못하면 집으로 돌려보내지 않는 학원에 다녔다고 했다. 아이가 암기했던 'win'이라는 단어의 뜻은 '이기다'였기에 "상을 이긴다"라는 엉뚱한 해석이 나오고 만 것이다. 단순히 단어를 암기하기 전에 문장의 맥락을 이해하는 연습을 충분히 해왔다면 'win the prize'가 '입상하다'라는 뜻이라는 것을 쉽게 이해했을 것이다.

영어를 가르치는 나조차도 여전히 헷갈리는 영어 철자가 많다.

일상에서 자주 쓰는 단어들은 당연히 금세 외워지지만, 자주 접하지 못하는 단어들은 여러 번 읽고 써도 쉽게 외워지지 않는다. 억지로 외웠다고 하더라도 실제 그 쓰임을 알지 못하면 과연 내가 그 단어를 충분히 암기했다고 말할 수 있을까?

교육학자들은 어떤 학문을 배울 때 뇌의 서로 다른 영역이 개입한다고 말한다. 직렬 방향으로 문제를 하나씩 순차적으로 처리하는 좌뇌가 개입하는 수학과 달리, 언어학은 논리성을 담당하는 좌뇌뿐만 아니라 맥락에 따른 상상력과 창의력을 관장하는 우뇌가 상호작용을 하며 문제를 해결한다고 말이다.

따라서 제대로 어휘를 이해하고 습득하기 위해선 전체적인 앞뒤 상황을 먼저 이해해야 하는 것이 마땅하다. 하지만 여전히 학교와 일부 학원에서는 아이들에게 정량적 단어 암기만을 강요하고 있다. 유아기와 초등 저학년기에 이루어지는 이러한 '맥락 없는' 영어 학습 때문에 아이들이 영어를 멀리하게 된다면 과연 누구의 잘못일까? 그저 아이들을 다그친다고 해결될 문제일까?

'스토리'가 들리면 '소리'가 들리기 시작한다

아이들이 세상과 소통하는 통로로써 영어를 배우기 위해 가장 먼저 필요한 것은 '맥락에 따른 소리'를 이해하는 연습이다. 언어를 가장 쉽게 받아들이는 방법은 맥락이 있는 전후 상황을 통째로 이해하는 것이다. 그 상황을 더 많이, 더 자주 경험할수록 언어를 쉽게 공부할 수 있다. 그리고 우리는 그 상황을, 스토리 즉 '이야기'라고 부른다. 이런 이야기들은 어디에서 접할 수 있을까? 바로 영어 그림책이나 영화 같은 다양한 콘텐츠를 통해서 만날 수 있다.

영국의 동화 작가 앤서니 브라운Anthony Browne의 그림책 『고릴라』를 생각해보자.

외롭게 아빠와 단둘이 살아가는 주인공 한나는 고릴라를 너무 사랑한다. 고릴라가 나오는 책이나 영화를 즐기고 그림도 그려보곤 한다. 그러나 늘 일로 바쁜 아빠는 한나를 동물원에 데려갈 시간이 없다. 그런데 한나의 생일날 선물로 받은 장난감 인형 고릴라가 그녀가 잠든 사이에 진짜 고릴라로 변신한다. 고릴라는 등에 한나를 태운 채 황홀한 밤공기를 가르며 동물원으로 달려가 그곳에서 오랑우탄과 침팬지 등 자신의 동물원 친구들을 한나에게 소개한다. 동물원의 창살 사이로 옹기종기 모여 한나를 바라보는 동물 친구들의 모습이 나오는 장면에서 작가는 이렇게 말한다.

She thought they were beautiful. But sad. (그녀는 그들이 아름답다고 생각했다. 그러나 슬퍼 보였다.)

주름이 가득하고 징그러워 보일 수 있는 고릴라 친구들의 모습을 보며 한나는 왜 아름답다고 생각했을까. 동물원 친구들을 만나고 싶어 했던 한나의 간절한 마음을 생각한다면 이 문장에 등장한 'beautiful'이라는 단어의 역설적 의미가 충분히 이해될 것이다.

만약 아이가 이 책을 읽지 않고 이 장면만 본다면, '아름다운'이라는 한국어 뜻으로만 달달 외웠던 'beautiful'이라는 단어를 온전히 이해할 수 있을까? 감동적인 이야기를 따라 한나의 마음을 읽은 아이들은 이 단어의 심오한 의미를 아마 죽을 때까지 잊지 못할 것이다. 그래서 이 문장 바로 다음에 나오는 "But sad(그러나 슬퍼 보였다)"라는 문장의 여운 역시 아주 오랫동안 음미할 것이다. 이것이 바로 이야기의 힘이다.

영어 습득 이론의 대가인 스티븐 크라센Stephen Krashen 박사는 『크라센의 읽기 혁명』에서 자율적이고 자발적인 '읽기'는 언어를 배우는 유일한 방법이라고 여러 연구를 통해 설명했다. 그렇다면 그 구체적인 방법은 무엇일까? 가장 먼저 해야 할 일은 아이가 흥미를 느끼는 다양한 이야기를 자유로이 스스로 선택할 수 있는 '환경'을 만들어주는 것이다. 나아가 아이 스스로 자신의 취향에 따라 다양한 영어책을 택할 수 있도록 도와주는 것이 중요하다.

그러나 우리가 현지에 사는 것이 아닌 이상 아이에게 단순히 책만으로 풍부한 이야기를 경험시켜주는 것은 불가능하다. 집 안에 원어민을 상주시키거나 고가의 영어 그림책 전집을 매번 사다 놓을 수도 없는 노릇이다. 시간이 흐를수록 왕성하게 자라날 아이의 지적 욕구와 호기심을 감당하기에는 책만으로는 부족하다.

그렇다면 아이들에게 더욱 다양한 이야기 경험을 쌓아줄 수 있는 더 효과적인 방법은 무엇일까? 나는 영상 콘텐츠에서 그 답을 찾았다. 다채로운 이야기를 가득 담고 있는 영화와 애니메이션이 바로 그것이다. 이러한 영상 콘텐츠를 어디에서 찾을 수 있을까?

책만으로는
'듣기 총량'을 채울 수 없다

엄마표 영어의 마지막 연결고리

영어책 등 활자로 된 영어 콘텐츠와 영어 영상 콘텐츠 중 아이에게 무엇을 더 많이 보여줘야 할까? 나는 자신 있게 후자라고 답하고 싶다. 전자가 덜 중요해서가 아니라, 아이의 흥미를 유발시켜 더 오랫동안 영어를 즐길 수 있도록 도와주는 데 후자가 더 큰 효과를 발휘하기 때문이다.

나 역시 다른 부모들처럼 책의 힘을 알기에 처음엔 아이가 더 많은 시간을 책과 함께 보내면 좋겠다는 생각은 늘 있었다. 그러나 매일 읽는 우리말 책에 더해 영어책까지 읽어야 한다면 아이에게 너무 큰 부담이 될 것 같았다. 아이의 영어 실력을 좌우하는 가장 큰 변인 중 하나는 모국어 실력이라고 믿었기에 우리말 책을 읽는 시간을 줄이고 싶지는 않았다.

결국 아이의 하루 영어 공부 시간 총량에서 영어책을 듣고 읽는 시간은 영어 영상 콘텐츠를 즐기는 시간의 3분의 1 혹은 4분의 1 정도로만 구성했다. 그럼에도 불구하고 아이의 읽기 능력은 계속해서 향상됐다. 그 뒤로는 아이가 영어책을 손에 쥐고 있는 시간에 굳이 연연하지 않았다.

교습소에 오는 많은 부모가 여전히 영어책 등 활차 콘텐츠에 의존하는 것이 엄마표 영어의 옳은 길이라고 믿고 있다. 책의 힘이야 두말하면 잔소리지만, 아이가 영어라는 언어를 생소하게 느끼는 상황에서 자칫 지루해할 수 있는 책만을 배움의 통로로 삼는다면 앞에서 이야기한 소리 자극, 즉 '듣기 총량'을 채우는 데 턱없이 부족할 것이다. 그러니 현실에서 살아 숨 쉬는 생생한 영어를 가르치고자 다짐했다면 아이의 구미에 맞는 영어 영상 콘텐츠를 찾아 끊임없이 아이에게 선물해주는 것이 부모가 해야 할 첫 번째 일이다. 그 선물은 어디에 있을까?

"선생님, 이거 되게 웃겨요! 이 영상 보신 적 있으세요?"
"오늘 보여주신 '아서(Arthur)' 영상 너무 재미있어요. 뒷이야기가 너무 궁금한데 엄마 카톡으로 꼭 보내주세요!"
"영화 「뮬란(Mulan)」은 유튜브로 어떻게 볼 수 있어요? 엄마한테 보여달라고 할 거예요!"

교습소에서 만나는 아이들과 친해지면서 자연스럽게 유튜브의 강력한 영향력을 체감하게 됐다. 바야흐로 영상의 시대, 온갖 콘텐츠가 담겨 있는 유튜브를 빼놓고는 아이들과 소통을 하기 힘든 시대가 됐다. 처음엔 따라가기 힘들었지만, 유튜브를 통해 세상을 받아들이는 아이들의 모습을 보면서 점차 이런 질문을 스스로에게 던지게 되었다.

아이들의 세계에서 가장 중요한 소통 수단을 이용하지 않고, 또 그 세계를 존중하지 않은 채 무언가를 가르치는 것이 가능할까? 바람직하든 그렇지 않든 스마트폰이라는 것이 아이들과 뗄 수 없는 관계가 되어버린 지금 우리에게 정말 필요한 것은 아이 손에서 스마트폰을 뺏고 유튜브를 못 보도록 막는 것이 아니라, 새로운 시대에 적응할 '미디어 리터러시'(다양한 매체를 통해 유입되는 정보를 주체적으로 읽고 해석할 수 있는 능력)를 익힐 수 있도록 옆에서 도와주는 것이 아닐까?

요즘 아이들은 어떻게 소통할까

내가 이런 생각을 갖게 된 데는 내 어린 시절의 기억이 영향을 끼쳤다. 어린 시절 우리 부모님은 식당 운영으로 언제나 바쁘셨다. 딸이 사춘기를 겪는다는 사실조차 모를 정도로 먹고사는 데 정신이 없으셨다. 사춘기를 지나 자아가 싹트기 시작하자 어른들이란 내 내면에는 전혀 관심이 없는, 그저 시끄럽기만 한 이웃에 불과

하다는 생각까지 했다.

그래서인지 부모님이나 다른 어른들이 내게 무언가 충고나 지시를 하면 은근히 반항심이 생겼고, 어두운 표정을 숨기지 못하기도 했다.

"공부 잘하지?"

"어머니 말씀 잘 들어라!"

진부한 당부에 늘 엷은 미소로 답하고는 방에 들어가 조용히 문을 닫던 철없던 어린 시절이 생각난다. 그때 만약 내 이야기에 귀를 기울여주고 진심 어린 조언을 해줬던 '좀 다른 어른'이 있었다면 얼마나 좋았을까? 다행히 주변에 좋은 분이 많이 계셔서 더 이상 엇나가지는 않았지만 여전히 마음 한편에는 채워지지 못한 아쉬움이 남아 있다.

요즘 아이들을 보면 관계를 맺고 세상을 알려줄 '어른'의 역할을 해줄 존재가 유튜브가 되어버린 것 같다. 그 안에서도 하나의 채널에 얽매이지 않고 영상에 달린 댓글과 그 반응을 입체적으로 흡수하며 자신의 자아를 형성해나가는 아이들을 보면 그 자유분방한 관심사와 관계 맺음이 부럽기도 하다.

'댓글'과 '좋아요'라는 기능을 통해 자신을 간편하게 표현할 수 있고, 그에 대한 반응 역시 즉각적으로 돌아오는 새로운 미디어 환경에서 아이들은 자신의 존재감을 확인하고 더 많은 '좋아요'를 받으려고 애쓴다. 이토록 아이들의 일상에 깊게 뿌리를 내린 유튜브라는 미디어를 억지로 막기만 하는 것이 옳은 일일까? 때론 친구 같고, 때론 선생님이 되고, 때론 가족보다 더 큰 영향을 미치는 이 미디어를 우리는 어떻게 활용할 수 있을까?

아이의 의지와 주도력이 그 무엇보다 가장 중요한 엄마표 영어는 이러한 유튜브의 특성과 긴밀히 맞물리는 영어 교육법이다. 과거 엄마표 영어를 실천하던 부모들은 유튜브 같은 풍부한 영어 영상 콘텐츠를 확보할 수단이 없었기 때문에 미리 선별해놓은 DVD를 일방적으로 아이에게 보여줄 수밖에 없었다. 하지만 이제는 그런 제약을 뛰어넘어 언제 어디서든 아이가 원하는 콘텐츠를 유튜브에서 찾아볼 수 있다.

그저 틀어주는 영상을 보기만 하는 아이와 자신이 직접 영상을 선택해 찾아보는 아이 중 누가 더 주체적인 학습 태도를 발전시킬 수 있을까? 시켜서 억지로 하는 교육은 학교나 학원으로 족하다. 이렇게 큰 기회가 열렸는데도 여전히 많은 부모가 부모 주도의 전통적인 영어 학습법에 머물러 있다. 아이의 재능과 인성, 영어 실력을 동시에 향상시킬 수 있는 다양한 영어 영상 콘텐츠가 유튜브에 즐비하지만, 편견에 갇혀 무궁무진한 가능성을 외면하고 있는 것이다.

스스로 선택한 영어는 평생 멈추지 않는다

아이의 교육에서 가장 중요하다고 생각하는 것은 무엇인가? 곰곰이 생각하고 답변해보자.

☑ 내가 관심 있어 하는 것에 아이도 동의하는가?

☑ 내가 중요하게 생각하는 가치가 아이 인생에 반드시 필요한가?

☑ 아이의 노력을 요구하는 나의 태도에 독선적인 부분은 없는가?

☑ 아이가 현재 가장 관심 있어 하는 것이 무엇인가?

☑ 아이의 관심 영역에 나는 얼마나 깊이 공감해주었는가?

☑ 영어 콘텐츠를 함께 볼 때 아이의 현재 관심 분야와 어우러진 대화를 이끌어낼 마음의 준비는 얼마나 되었는가?

☑ 나는 아이의 관심 영역을 좀 더 개발하고자 어떤 노력을 할 수 있는가?

이런 질문을 스스로에게 던져보았을 때 생각이 더 이상 확장되지 않는다면 그건 아이보다 부모에게 공부가 더 필요하다는 신호다. 지금부터라도 유튜브의 방대한 콘텐츠를 통해 아이가 진짜로 좋아하는 것이 무엇인지 공부해보자.

영어책을 소리 내어 읽는 것을 좋아하면 마음껏 읽을 수 있는 시간을 주고, 영화를 좋아하면 다양한 외국 영화에 대한 정보를 알려주자. 해외 '유튜브 키즈YouTube KIDS' 채널을 통해 마술이나 종이접기 같은 다채로운 활동을 간접 체험하도록 도와줄 수도 있다. 노래를 즐긴다면 흥겨운 영어 동화 영상을 켜놓고 그저 맞장구를 쳐주며 함께 노래를 불러주자.

마음의 준비를 모두 마쳤다면 이제 본격적으로 아이와 재미난 영어의 항해를 시작할 때다. 그럼 이제 무엇부터 시작하면 될까?

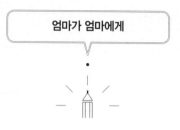

엄마가 엄마에게

"1년째 영어 문장 못 읽는 아이, 엄마표 영어로 넘어가도 될까요?"

영어의 중요성을 뒤늦게 깨달은 뒤 유명 학습지 영어부터 시작해 지난 1년간 이것저것 시켜봤습니다. 하지만 영어 듣기, 영어 말하기는커녕 아직 영어 문장을 읽는 일조차 힘겨워해요. 이런 아이에게 엄마표 영어가 소용이 있을까요?

학습지 영어를 1년이나 했는데도 아이의 문자 해독 능력이 마음만큼 따라와주지 못해 정말 걱정이 많으시겠어요. 그런데 1년을 꾸준히 하셨다면 아이가 단모음, 단자음, 이중자음 정도는 읽을 수 있지 않을까 싶습니다. 아마 그동안 학습지 영어만으로 영어 읽기를 연습했기 때문에 독서량이 많이 부족하리라 생각합니다.

그래서 아이가 복잡하고 다양한 영어 문장을 읽는 것이 아직 서툴 수 있어요.

어머니, 아기가 어떻게 걸음마를 하고 스스로 걷게 되는지 생각해보세요. 어느 날 갑자기 벌떡 일어나 걷는 아기는 이 세상에 없을 거예요. 그리고 모든 아기가 다 똑같은 시기에 걸음마를 시작하는 것도 아닙니다. 언어도 마찬가지입니다.

그동안 수많은 아이를 만나 파닉스를 직접 가르치고, 또 부모님과도 두루 상담을 해오며 깨닫게 된 것은 아무리 부모가 정성껏 파닉스를 가르친다고 해도 모든 아이가 곧장 모든 영어를 술술 읽는 게 아니라는 사실입니다. 아이마다 파닉스를 익히는 속도가 다 다르고 해독 방법을 깨우치는 문자도 다릅니다. 만약 엄마표 영어를 시작하실 계획이라면 오늘부터 매일 아이가 좋아하는 주제의 단어를 찾아 '소리'와 '문자'를 연결하는 '집중 듣기' 연습을 시작해보세요. 꾸준한 습관의 힘을 믿지 못하고 이리저리 흔들리지만 않는다면 언젠가는 아이가 능숙하게 영어 문장을 읽을 날이 올 겁니다.

그리고 아이의 문자 해독 능력이 영어 읽기 능력의 전부가 아니라는 사실을 잊으시면 안 됩니다. 적절한 시기에 꾸준한 듣기 환경을 조성해주지 않으면 아이는 뜻도 이해하지 못한 채 기계처럼 영어를 낭독만 하는 수준에 영영 머무르게 될 수도 있습니다. 지금은 다양한 영어 콘텐츠를 듣고 읽고 즐기며 아이가 영어라는 생소한 언어를 이해하도록 기초 체력을 키워주는 일이 가장 중요합니다.

PART 2

모국어처럼 듣고 말하는
엄마표 콘텐츠 영어의 힘

"아이의 영어 실력은
집에서 자란다."

3교시

기초편
언젠가 아이들은 유튜브를 보게 된다

✦

It always seems impossible until it's done.
어떤 일이 이루어지기 전까지는 항상 불가능해 보인다.
– 넬슨 만델라

어차피 보게 될 유튜브라면
똑똑하게 활용하자

'저 애는 분명 영어 유치원을 나왔을 거야'

몇 년 전 연예인 자녀와 외국인 친구가 만나 친해지는 과정을 다룬 리얼리티 프로그램을 본 적이 있다. 어느 가수의 아들이 외국인 가정에 방문해 생소한 문화를 체험하는 것이 주요 내용이었는데, 아이가 너무나 자연스레 외국인 가족과 대화를 나누는 모습이 신기하고 당차 보여 감탄한 적이 있다. 어린 나이에 어울리지 않는 적극적인 사회성과 외향적인 태도가 인상적이었다. 그런데 관련 내용을 다룬 인터넷 기사의 댓글을 보니 이런 내용이 종종 눈에 띄었다.

'분명 영어 교육에 큰돈을 썼을 것이다.'

'조기 영어 사교육의 효과다.'

무엇이 진짜인지는 모르지만, 내가 느꼈던 감정은 부러움도 아니고 질투도 아니었다. 이미 나 역시 엄마표 영어를 통해 아이의 일상에 영어를 채워넣어 원어민과 소통하는 모습을 지켜본 적이 있었기 때문이다. 그저 난생처음 방문한 미국 가정에서 엄마와 아빠도 없이 어떻게 그렇게 새로운 환경에 잘 적응하는지, 영어 실력보다는 그 당당한 성격이 부러울 뿐이었다.

초등학교 2학년 여름 무렵부터 영상 보기와 영어책 읽기를 중심으로 시작해 엄마표 영어를 꾸준히 진행해온 큰아이는 5학년에 올라갈 무렵 외국인을 한번 만나보고 싶다는 말을 했다. 그러나 지금까지 즐겁게 진행해온 엄마표 영어를 중단하고 원어민이 있는 학원에 보낼 수는 없었다. 차선책으로 잠시 원어민이 진행하는 화상 수업을 선택해 아이에게 매일 외국인과 대화를 할 수 있는 기회를 만들어줬다.

처음에는 비록 "Yes"와 "No"라고 대답할 수밖에 없는 간단한 문장만 아이 입에서 나왔지만, 어느 정도 적응을 마치자 아이는 더듬거리기는 해도 선생님과 다양한 주제로 대화를 나눌 정도로 영어에 익숙해졌다. 심지어 몇몇 원어민 선생님은 아이에게 외국에서 살다 온 경험이 있는지 물어보곤 했다. 아이는 정확하고 유창하진 않았지만 자신의 생각을 어설프게라도 영어로 조합해 입밖으로 내뱉었다. 중간중간 단어가 생각이 나지 않을 땐 선생님께 양해를 구하고 사전을 찾아봤다고 했다.

이런 빠른 성장의 비결은 무엇이었을까? 친구들은 바빠 학원에 다닐 때 지속적으로 일상에서 수많은 영어 문장을 듣고 읽었던 지난 수년간의 경험에서 비롯된 것이 아닐까? 아침에 일어나거나 밥을 먹거나 잠을 잘 때마다 끊임없이 영어로 된 소리를 듣다 보니 영어 듣기에 대한 '두려움' 자체가 사라져버린 것이다.

영어에 푹 빠진 첫째 아이는 그후 동네 영어 도서관에서 영어책을 읽어주는 봉사를 3년간 즐겁게 했다. 아이의 영어 낭독을 함께 들은 엄마들은 아이에게 영어 유치원을 나왔는지, 외고를 다니고 있는지 물어보기까지 했다. 심지어 어떤 분은 딸에게 영어책을 읽어주는 과외를 부탁하기도 했다.

단 한 번도 영어 때문에 스트레스를 겪지 않고 아이가 스스로 영어를 즐기는 모습을 옆에서 지켜봤기에 나는 이런 주위의 반응이 그저 감사하기만 했다. 수년 전 아이에게 눈높이를 맞추어 콘텐츠 중심의 영어 듣기 환경을 만들어주지 않았다면 아이와 내가 이런 기분을 느낄 수 있었을까?

교육비가 비쌀수록 효과가 크다고요?

지금은 성인이 된 큰아이의 첫 일터는 외국인이 많이 드나드는 서울 중심가의 한 카페였다. 모르는 사람과 소통하며 경제 활동을 해보는 게 작은 소망이었던 아이에겐 맞춤인 자리였다. 게다가 다양한 나라의 외국인들과 영어로 소통할 수 있는 기회가 자연스럽게 만들어져 아이는 날마다 즐겁게 카페로 출근했다. 하루는 네덜란드에서 여행을 온 어느 고등학교 교사와 나이를 떠나 친구가 되었다며 내게 자랑을 했다. 그런 아이를 바라보며 어린 나이에도 누군가와 스스럼없이 소통할 수 있는 능력이 대체 어디에서 나왔을까 생각해봤다. 그 근원은 초등학생 시절 약 4년 반 동안 경험했던 다양한 영어 콘텐츠의 힘이었다.

우리나라 학부모들이 품고 있는 교육에 대한 뿌리 깊은 편견 중 하나는 '무조건 돈을 많이 들여야 교육적 가치가 높다'는 생각이다. 아이에게 영어를 가르치는 데 비용이 많이 들지 않으면 제대로 교육하는 것이 아니라는 편견은 엄마표 영어를 꾸준히 실천하지 못하게 하는 다양한 원인 중 하나다.

너무나 안타까운 현실이다. 아이도 아프고 부모도 아픈, 그릇된 영어 교육에 관한 이러한 오해를 어떻게 풀어줘야 할까. 지금 이 순간에도 유튜브에는 상상할 수 없을 정도로 독창적이고 기발한 콘텐츠가 홍수처럼 쏟아지고 있고, 그 속에는 어쩌면 아이의 영어 미래를 뒤바꿀 운명 같은 콘텐츠가 잠들어 있을지도 모른다. 장담하건대, 마음만 먹으면 오늘 당장이라도 아이를 영어권 국가 한복판에 풍덩 빠뜨릴 수 있다. 엄마표 영어에 유튜브를 활용하는 가장 큰 이유는 현실에서 쉽게 경험할 수 없는 특별한 영어 소리를 일상에서 마음껏 들을 수 있기 때문이다.

영미권 유아용 애니메이션으로 시작하되 아이들이 좋아하는 다양한 키즈 채널 영상을 찾아 더욱 확장된 콘텐츠의 울타리를 만들어주는 구체적인 전략을 세우자. 엄마표 콘텐츠 영어는 막무

가내로 유튜브 동영상을 보여주거나 아이가 좋아하는 소수의 자극적인 콘텐츠에만 의존하는 영어 공부가 아니다.

우리가 가장 먼저 해야 할 일은 아이의 흥미를 찾아 다양한 영상 미디어를 테스트해보는 작업이다. 엄마표 영어 1세대 때는 비디오테이프를 빌려 와 손으로 자막을 가린 채 아이에게 보여주곤 했다. 2세대 때는 DVD 플레이어의 간단한 조작으로 자막을 가리는 일은 한층 쉬워졌으나 영화나 애니메이션 DVD를 매번 구매하거나 빌려야 하는 어려움이 있었다.

그러나 이제는 자막을 가리는 노력은커녕 영상 콘텐츠를 구하러 밖에 나갈 필요도 없다. 그리고 이 모든 콘텐츠가 돈 한 푼 들지 않는 공짜라고 하니, 마다할 이유가 있을까? 광활한 콘텐츠의 바다에서 그저 아이가 가장 좋아하고 즐거워하는 영상을 찾아 두루 즐기도록 적극적으로 도와주기만 하면 된다. 부모가 할 일은 그게 전부다.

이렇게 아이가 유튜브로 영어와 친구가 되고 나면 그다음부터는 크게 신경 쓰지 않아도 아이는 무서운 속도로 영어를 흡수하기 시작할 것이고, 유튜브를 넘어 전 세계의 다양한 미디어 플랫폼에서 영어를 자유로이 즐길 것이다.

부모가 먼저 원칙을 따르면 아이는 스스로 따른다

빠른 속도로 움직이는 시각적 자극이 계속되면 아이들의 뇌 발달에 결정적인 전두엽의 성숙에 문제를 일으킬 수 있다. 따라서 과도한 영상 몰입은 늘 경계해야 한다. 특히 자기조절 능력이 미숙한 아이들은 쉴 틈 없이 변환되는 강력한 시각 자극에 성인보다 훨씬 더 쉽게 빠져들고 심하면 중독에 이를 수도 있다. 영유아가 장시간 영상에 노출될수록 한 가지 물건이나 행동에 집착을 보이거나 산만해지고, 또래보다 언어 발달이 늦어진다는 연구 결과도 있다. 또 아이 혼자 장시간 동영상 콘텐츠를 시청하면 애착 형성이 지연되고 불안 장애를 겪고 사회성이 더디게 발달될 수 있다.

이는 아이뿐만 아니라 성인도 마찬가지다. 스마트폰을 너무 오래 사용하면 전두엽의 발달을 방해해 전체를 조망하는 상황 판단력이 떨어지고 즉각적인 자극에만 반응하게 된다. 정서 발달에도 부정적인 영향을 미쳐 수시로 불안과 초조를 유발하고 주의력 결핍 현상 등을 일으킬 수 있다.

이처럼 아주 어린 영유아들에게 장시간 영상을 노출시키는 것은 득보다 실이 클 가능성을 늘 염두에 두어야 한다. 그래서 흔들리지 않는 원칙이 중요하다. 아이가 영상에 과몰입하지 않도록 시간을 정해 보여주고, 하루 영어 노출 시간 중 아이가 혼자 책을 읽는 시간을 반드시 확보해줘야 한다. 또한 아이 영어 실력의 기초 자산이 될 문해력을 키우려면 우리말 독서 능력을 다지는 데에도 신경 써야 한다.

아이가 영아기를 벗어나 유아기에 접어들면 영상 미디어를 원천적으로 봉쇄하는 게 불가능해진다. 이미 부모의 일상에 스마트폰과 영상 콘텐츠가 넘쳐나기 때문이다. 모든 정보를 영상으로 주고받는 세상에서 부모와 일상을 온전히 공유하는 아이를 미디어로부터 완벽히 차단하는 것이 가능할까? 요리를 할 때조차 활자로 된 레시피 대신 유튜브 속 요리 영상을 찾아보는 시대가 되었다. 물건을 살 때도, 여행을 갈 때도 모든 정보를 유튜브에서 검색하는 세상에서 어떻게 하면 아이들에게 올바른 미디어 활용법을 가르칠 수 있을까?

무슨 일을 시작하든 원칙을 세우지 않으면 금세 흐지부지되고 만다. 스스로 지킬 수 있는 원칙을 먼저 선언하는 것이 조금 늦더라도 무작정 시작하는 것보다 훨씬 현명한 선택이다. 나 역시 엄마표 영어를 결심하고 시작했을 때 '적어도 3년간은 주말을 제외하고 매일 아이에게 자막 없이 영화를 보여주고 영어책을 읽어주거나 들려주겠다'는 간단하지만 확고한 원칙을 세웠다. 가족 모임 같은 특별한 상황이 생기면 아주 짧은 시간이라도 영어 영상을 틀어 집 안에 영어 듣기 환경을 조성하려 애썼다.

물론 원칙을 세우더라도 이를 지켜내기 힘든 상황은 언제든 발생한다. 휴가를 가서 물놀이나 게임을 하며 즐거운 시간을 보내는 아이에게 평소대로 영어책을 들이밀면 오히려 부작용이 더 클 수도 있다. 울적하거나 아픈 아이에게 억지로 영어 영상을 보여준다고 해서 아이가 집중해서 콘텐츠에 몰입할 리도 없다. 눈으로는 열심히 화면을 따라가지만 머릿속은 딴생각을 할지도 모른다. 그러다 보면 아이 마음속에 '영어는 지루하고 내 감정을 담아줄 수 없는 재미없는 대상이야'라는 편견이 움트기 시작한다.

그래서 나는 아이의 '마음 컨디션'을 고려해 책 읽기의 양을 평소보다 줄여주거나 아예 생략하고 멍하니 영화를 보며 마음을 추스를 수 있도록 영어 영상 시청만 권하곤 했다. 이왕 공부를 못 할 상황이라면 그냥 재미난 영어 영상을 함께 보거나 차 안에서라도 아이가 좋아하는 영어 노래나 영화 대사를 편집한 클립 영상을 틀어줬다. 중요한 것은 엄마표 콘텐츠 영어를 완벽하게 지속하는 것이 아니라 일상에서 아주 잠깐이라도 꾸준히 영어를 친구처럼 아이 곁에 두는 것이다. 마치 다양한 영어 그림책에 자주 등장하는 '상상 속의 친구Imaginary Friend'처럼 말이다.

'그냥 한번 해볼까?'라는 생각으로 아무 원칙 없이 엄마표 영어를 시작하는 것은 되레 엄마표 영어를 쉽게 중단하는 불씨가 될 수 있다. 우리 집에서 내 아이와 지킬 수 있는 최소한의 원칙을 정하고, 마음의 각오를 다지는 '작은 의식'을 거행하자. 영어 듣기 환경 조성이 아이의 영어 습득에 미치는 효과에 대해 가족을 충분히 설득하고 합의를 얻어내자. 이 모든 것이 선행되어야 변화를 향해 본격적인 첫발을 뗄 수 있다.

만약 배우자가 이런 원칙을 이해하지 못한다면 미리 다양한 성공 사례와 경험을 나누고, 이 길을 걷는 것이 결과적으로 더 적은 기회비용으로 아이에게 영어를 가르칠 수 있다는 점을 설명해야 한다. 한때 남편은 내가 도서관에서 영어책을 열심히 빌리고 아이에게 매일 영어 영상을 보여주는 모습을 보곤 그저 한 푼이라도 아끼기 위한 노력으로 여겼다. 하지만 어느 날 아이가 영어책을 거침없이 줄줄 낭독하는 모습을 보자 비로소 엄마표 콘텐츠 영어의 효과를 인정하며 기뻐했다.

미디어 중독을 예방할 '울타리'를 치는 방법

이제 결심을 마쳤다면 행동을 지속할 수 있는 구체적인 방안을 아이와 함께 찾아야 한다. 초반에는 부모의 의지와 노력이 가장 중요하다. 앞으로 바뀔 우리 집의 일상이 어떨지 아이와 함께 상상해보고, 무엇이 그런 변화를 방해하는지 고민해보자. 정말 어쩔 수 없이 '1일 1영상 보기'를 지키지 못하는 날에는 어떻게 할지 아이와 민주적으로 의논하자. 너무 무리한 목표와 실천하기 어려운 계획에서 한 걸음 물러나 온 가족이 함께 꾸준히 지킬 수 있는 최소한의 영어 원칙을 마련해보자. 아이의 일상에 즐거운 취미를 하나 만들어준다는 생각으로 가볍게 접근해보면 어떨까?

초기의 아이 영어 습관을 잡는 데 도움을 줄 사람이 곁에 있으면 가장 좋다. 먼저 엄마표 영어를 실천하며 공부해온 이웃이 주변에 살고 있을지도 모른다. 고마운 마음을 표현하며 조언을 구하면 그 누구라도 자신의 경험을 즐겁게 이야기해줄 것이다. 또 책에서, 온라인 커뮤니티에서, SNS에서 생생한 노하우를 아낌없이 알려주는 수많은 선배가 있으니 그들의 경험을 참고해 엄마표 영어를 완성해나가자.

우리 집 거실에는 커다란 스티커 판 하나가 붙어 있었다. 아이가 약속한 영상 시청과 책 읽기를 완벽히 지킨 날에는 그 판에 스티커를 한 장 붙여줬다. 한 달에 정해진 일수만큼 스티커가 붙으면 아이가 좋아하는 장난감을 사주거나 원하는 것을 들어줬다.

물론 나중에는 이런 규칙을 정하지 않아도 아이가 영어 콘텐츠를 거부감 없이 받아들일 테지만, 초반에는 이와 같은 최소한의 동기 부여를 통해 아이의 영어 습관을 단단하게 다져줘야 한다. 그러다 3~4개월 정도만 지나면 영상으로 영어를 접하는 데 익숙해져 굳이 '보상'이 없더라도 무궁무진한 유튜브 콘텐츠의 바다에서 헤엄치며 영어를 즐기게 될 것이다.

관건은 스마트폰 등 각종 영상 재생 기기의 무분별한 사용을 얼마나 효과적으로 통제할 수 있는지다. 아이가 우리말로 된 영상들에 끌려다니지 않게 예방하려면 다음 장에서 소개할 다양한 영어 콘텐츠를 부모가 미리 탐색하고 선별해 미리 기기에 저장해두는 것이 좋다.

부모 중 한 명이 집에서 아이를 돌볼 수 있다면 아이가 영미권 문화를 혼자서도 자연스럽게 즐기게 될 때까지는 옆에서 도와주는 것이 좋다. 처음에는 하루에 시청할 수 있는 '영상 시청 제한 시간'을 아이와 의논해 정하자. 이렇게 시간을 정해두면 아이가 영양가 없고 불필요한 영상에 노출되는 것을 사전에 차단할 수 있다.

만약 종일 집을 비운 채 아이 혼자 놔둬야 하는 맞벌이 부부라면 어떻게 할까? 영상 재생 기기에 미리 선별한 콘텐츠를 저장해두는 방법이 있다. 그런데 이때 부모가 준비한 콘텐츠의 수가 너무 적으면 아이의 흥미를 끌기 어렵다. 울타리를 치되 아이들이 폭넓게 선택할 수 있도록 최대한 널찍하게 치는 것이 중요하다. 그 안에서 아이가 혼자 다양한 콘텐츠를 탐색하도록 묵묵히 믿고 지켜봐주자. 더불어 유튜브 영상에만 너무 심취하지 않도록 학교

안팎의 다양한 예체능 활동이나 특별 수업, 동아리 등에 아이를
가입시키는 것도 훌륭한 대안이다.

　반대로 가장 안 좋은 행동은 아무런 대안 없이 무작정 아이의
'선택'을 차단하는 것이다. 이는 다른 음식은 해줄 생각도 없으면
서 강제로 인스턴트 음식을 먹지 못하게 하는 것과 똑같다.

"아직 유치원도 안 갔는데
유튜브 봐도 괜찮나요?"

영유아기(만 3세 미만)

"세상에 존재하는 다양한 소리를 들려주세요"

태어난 지 만 3년 미만의 영아기에 가장 필요한 것은 따뜻한 부모의 목소리와 스킨십이다. 아이는 이때 얻은 안정감으로 단단한 자존감을 형성하고 세상을 향한 능동적인 태도를 갖춘다.

영아기는 아이가 세상을 살아가는 데 가장 필요한 능력 중 하나인 모국어의 발달이 급진적으로 이루어지는 시기이므로 다양한 방법으로 끊임없이 우리말 자극을 일으키는 것이 가장 중요하다. 의성어와 의태어를 자주 사용해 아이 앞에서 수다쟁이 엄마,

아빠가 되어보자. 감정 표현이 서툴다면 우리말 그림책을 읽어주자. 정성을 다해 그림책을 읽어주다 보면 부모의 표현 능력 또한 저절로 커질 것이다. 엄마표 영어의 성공 여부는 모국어인 한국어의 발달 수준에 달려 있다고 해도 과언이 아니다.

이 시기에 해줄 수 있는 영어 교육이 있다면 그저 세상에 존재하는 다양한 '소리 경험'을 채워준다는 생각으로 영어 동요를 들려주는 것이다. 조급한 마음은 잠시 내려놓자. 유튜브로 신나는 영어 동요를 틀어주고 함께 춤을 추거나 마사지를 해주는 것만으로도 충분하다. 그래도 무언가 좀 더 노력하고 싶다면 뒤에서 소개할 '마더구스클럽Mother Goose Club'과 '슈퍼심플송스Super Simple Songs' 등과 같은 유튜브 채널에서 영어 노래를 찾아 가사만이라도 들려주자. 스피커에서 흘러나온 영어 소리는 아기의 귓속으로 통통 튀며 들어가 새로운 언어에 대한 기분 좋은 감각을 심어줄 것이다.

또 한 가지 중요한 것은 도서관에서 영어 그림책을 빌리는 습관을 들이는 일이다. 시간이 날 때마다 마치 친구 집에 놀러가듯 도서관에 가서 새로 입고된 책을 훑어보고, 정말 좋은 책이라면 아이에게 권하기 전에 부모가 먼저 읽어보면 더 좋다. 부모에게도 책의 내용이 정말 와닿았다면 아이가 그림을 충분히 느낄 수 있도록 배려하며 천천히 읽어주자.

유아기(만 3세 이상)

"이중 언어 환경을 만들어주세요"

아이가 유치원에 들어갈 시기가 되면 이제는 조금씩 영어 영상을 활용해도 좋다. 그러나 이 시기에도 모국어 발달이 가장 중요한 과업이라는 것을 잊어서는 안 된다. 다양한 우리말 그림책으로 아이의 상상력과 창의력을 자극해주는 독서와 놀이 활동이 육아의 중심이 되어야 한다.

이 시기에 스마트폰 등 미디어 노출을 엄격하게 잘 통제해두면 초등학교 입학 이후 본격적으로 영상 콘텐츠를 접할 때 한국어 영상을 무분별하게 시청하는 것을 예방할 수 있다. 물론 우리말 콘텐츠를 아예 보지 못하게 하는 것은 현실적으로 불가능하다. 다만 아이가 처음 유튜브 등 미디어 환경에 접근하는 단계에서 영어 영상도 함께 시청하는 습관을 만들어주면 나중에 본격적인 엄마표 콘텐츠 영어를 시작할 때 '이중 언어 환경Dual Language Environment'을 더 쉽게 만들어줄 수 있다.

일단 한국어와 영어가 자유롭게 공존하는 이중 언어 환경이 조성되어 영어에 대한 심리적 저항감이 사라지면 값비싼 영어 유치원에 보내지 않아도 아이가 영어를 자연스럽게 익힐 수 있는 터전이 마련된다. 여기에 우리말 책을 읽어줄 때 영어 그림책도 함께 읽어주는 습관을 일찌감치 만들어준다면 금상첨화다.

만 6세가 되면 아이의 언어 기능과 연상 사고력 성장을 담당하는 측두엽의 '칼로좀 이스무스Callosal Isthmus'가 본격적으로 성장하기 시작한다. 이즈음부터는 영어 영상 콘텐츠 노출량을 조금씩 늘려도 된다. 하루 1시간 이상까지도 괜찮고, 한 번에 과몰입하지 않고 오전과 오후로 나눠 시청한다면 그 이상의 시청 시간을 허락해도 좋다. 폭넓은 콘텐츠를 즐기도록 하되 영상 시청이 아이의 일상에 습관으로 자리를 잡도록 신경 쓰자. 물론 우리말 책을 읽어주고 일상적 대화를 나눔으로써 모국어에 대한 감각을 키우는 일도 소홀히 해선 안 된다.

초등학교 입학 이후
"학습이 아니라 놀이의 연장으로 접근하세요"

초등학교 입학 후 영어 교육을 시작한다면 영유아 시기보다 상대적으로 모국어 실력이 안정된 상태이므로 오히려 영어를 더 쉽게 받아들일 수 있다. 단 몇 년이라도 그간 쌓아온 삶의 경험이 훨씬 많기 때문에 다양한 콘텐츠의 스토리를 이해하기도 쉽다. 문법이나 단어의 힘에 기대지 않고도 책이든 영상이든 그 이야기의 흐름을 따라갈 수 있는 힘을 갖고 있는 것이다.

처음부터 너무 많은 분량과 너무 높은 레벨을 목표로 삼기보다 그저 다양한 영어 콘텐츠를 아이에게 노출시키는 데 집중하자. 아이에게 영미권 문화와 가까워질 수 있는 기회를 주고, 그 안에서 영어 고유의 유머와 감성을 즐기는 단계까지 나아가는 것만으로도 충분하다.

거기까지 따라오면 그다음부터 부모가 할 일은 울타리를 좀 더 넓게 쳐주고 곁에서 아이가 모르는 단어를 부지런히 찾아주는 것뿐이다. 이 정도만 꾸준히 해도 오직 학원에만 오가는 아이보다 훨씬 더 효율적으로 영어를 습득해나갈 수 있다.

바다별의 콘텐츠 영어 팁 ③

콘텐츠 영어 환경 만들기,
이렇게 시작하자!

하나, 영어 영상 시청 시간 정하기

아이에게 이중 언어 환경을 만들어주는 첫걸음은 영유아 시기부터 자극적인 우리말 영상들의 시청 경험을 최대한 줄이는 것이다. 과도한 시각 자극을 주는 영상들에 아이가 너무 일찍부터 노출되면 엄마표 영어 초반에 영어 영상 시청으로 아이들의 관심을 유도하기가 매우 어려워진다.

아이가 이미 우리말 영상에 많이 노출됐다면, 적어도 하루에 반드시 채워야 할 영어 영상 시청 시간을 정해주자. 힘들겠지만 초반에는 우리말 영상 시청 시간을 차차 줄여가는 과정을 감내해야 한다.

매일 부모의 작은 노력이 일상에서 지속되면 아이들의 영어 영상에 대한 거부감도 점차 사라지게 된다. 아이들은 어느 순간 그저 자신이 즐기는 콘텐츠의 '재미'만을 기준으로 영상을 선택할 것이다.

아이에게 정말 보여주고 싶은 영상이 있다면 아이가 잠에서 깨어날 때나 자유롭게 놀이를 하는 시간에 슬쩍 틀어주자. 아이가 굳이 집중하지 않더라도 흘려들을 수 있도록 말이다. 싫어하는 영상을 똑바로 앉아 억지로 보게 하면 오히려 영어에 대한 흥미를 꺾을 수 있으니 언제나 아이의 반응을 잘 관찰하자.

둘, 영상 재생 기기에 미리 저장해두기

부모가 아이를 옆에서 직접 지도하기 힘들거나 아이가 자꾸 우리말 영상 콘텐츠로 시선을 옮긴다면 '영상 재생 기기'를 활용하는 것도 좋은 방법이다. 단, 아이의 취향과 흥미를 충분히 만족시킬 수 있을 정도로 다양한 영어 영상을 아주 많이 내려받아 두어야 한다. 선택의 폭이 넓을수록 아이가 영어 영상 콘텐츠에 재미를 붙일 확률이 높아진다.

처음에는 다양한 선택지로 아이의 선호도를 파악하는 기간이 필요하다. 차차 아이가 영어 소리에 익숙해지면 특별히 더 좋아하는 영상의 종류를 파악할 수 있을 것이다.

셋, 최소한의 규칙 만들기

반드시 지켜야 할 '영상 시청 규칙'을 만드는 것이 필요하다. 이는 부모에게도 마찬가지다. 무심코 보았던 유튜브 영상, 습관처럼 켜두었던 텔레비전 등 모든 영상 시청 시간을 가장 먼저 제한해야 한다. 정작 자기는 닥치는 대로 아무 영상이나 시청하면서 아이에게만 유익한 영어 영상 콘텐츠를 보라고 권할 수는 없기 때문이다.

반드시 시청해야 할 한국어 영상이라면 아이가 잠든 후에 보거나 아이들이 학교나 유치원에 간 시간을 활용하자. 우리 집에 원어민 친구를 들이고 싶다면 우선은 부모가 먼저 새로운 친구를 맞이할 배려심을 갖춰야 한다. 세상에 쉽게 얻어지는 것은 없다.

넷, 오늘부터 1일! 작은 의식 거행하기

아무것도 아닌 것 같지만 아이 얼굴을 마주 보고 엄마표 영어를 선언하는 것과 하지 않는 것은 정말 큰 차이가 있다. 의식이라는 행위가 주는 약간의 엄숙함과 진지함은 아이가 자신의 인생에서 무언가 중요한 일이 시작되었다는 것을 본능적으로 느끼게 하고, 부모 역시 각오를 되새기는 계기로 작용할 것이다.

엄마표 영어의 시작을 기념하는 소소한 파티를 여는 것도 좋고, 조촐하게 케이크를 사서 초를 함께 부는 것도 좋고, 스티커 판을 만들어 마치 현판식을 거행하듯 아이와 함께 잘 보이는 곳에 걸어두는 것도 좋다. 중요한 것은 아이 머릿속에 긍정적인 기억을 남겨주는 것이다.

가족 전원이 해외 유학을 떠난다고 생각하자. 앞으로 최소 3년은 해보겠다고 다짐하며 서로의 소감을 나누자. 물론 처음에는 버겁고 힘들 수 있다. 간혹 결심이 흔들릴 때마다 가족이 함께했던 작은 의식을 기억하며 마음을 다잡자.

캐릭터 애니메이션 콘텐츠의 바다, 유튜브 키즈

'유튜브 키즈' 시작하기

유튜브 중에서도 전 세계 아이들만을 위해 별도의 시스템을 갖춰 콘텐츠를 제공하는 플랫폼이 있다. 바로 '유튜브 키즈'다. 유튜브 키즈는 일반 유튜브의 무분별한 광고나 성인용 콘텐츠로부터 아이들을 보호하기 위해 만들어졌으며, 유튜브와 마찬가지로 사용자의 취향을 고려해 다양한 분야를 탐색할 수 있도록 알고리즘 추천 기능이 작동된다.

특정 영상이나 채널을 차단하는 등 아이의 영상 시청을 부모가 통제할 수 있기 때문에 아직 유튜브 영상이 익숙하지 않은 아이에게 올바른 영상 시청 습관을 길러주는 데 안성맞춤이다. 아이에게는 '선택의 자유'를 보장할 수 있고 부모에게는 '최소한의 안전 장치'를 제공해주는 유튜브 키즈로 똑똑하고 편리하게 엄마표 콘텐츠 영어를 시작해보자.

1단계: 접속하기

유튜브 키즈를 사용하는 방법은 아주 간단하다. 사용하는 환경이 웹이라면 '유튜브 키즈'를 검색한 뒤 사이트(youtube.com/kids)에 접속하자. 간단한 회원 가입 절차를 거쳐 로그인을 하면 곧바로 아이와 다양한 콘텐츠를 즐길 수 있다.

모바일이라면 애플리케이션 스토어에서 'YouTube Kids(유튜브 키즈)'를 검색해 설치하면 된다. 일반 유튜브와 마찬가지로 모바일로도 편리하게 사용할 수 있다.

▲ 모바일 화면

▲ 웹 화면

2단계: 계정 만들기

유튜브 키즈는 일반 유튜브와 달리 하나의 계정으로 '보호자 계정'과 '자녀 계정'을 분리해 관리할 수 있다. 아이가 보는 '자녀 계정'에서는 부모가 관리하는 '보호자 계정'이 허용한 권한만 사용할 수 있기 때문에 무분별한 유튜브 몰입을 사전에 차단할 수 있다.

▲ 계정 생성 화면

3단계: 권한 설정하기

유튜브 키즈에서 설정할 수 있는 '허용 권한'에는 다음과 같은 것들이 있다.

검색 기능 사용 여부: 자녀가 콘텐츠를 검색하지 못하도록 설정할 수 있다.

자녀 계정이 시청한 영상 조회: 자녀가 어떤 영상을 시청했는지 조회할 수 있다.

권장 콘텐츠 연령대 설정: '고학년', '저학년', '유아' 총 세 가지 연령대가 있다.

계정 사용 차단: 자녀가 사용하는 계정을 일시적으로 차단하거나 차단을 해제할 수 있다.

4단계: 콘텐츠 둘러보기

유튜브 키즈에는 어떤 영어 영상 콘텐츠가 있을까? 웹의 메인 화면을 보면 상단에 다섯 개의 커다란 아이콘이 있다. 하나씩 클릭해 어떤 콘텐츠가 나열되어 있는지 둘러보자.

▲ 검색 화면

유튜브 키즈 메인 화면에 노출되는 영상들은 사용자의 취향과 연령을 고려해 알고리즘이 자동으로 추천해준 대표 영상일 뿐이다. 그리고 그 너머에는 어마어마하게 많은 콘텐츠가 쌓여 있다.

내 아이에게 딱 맞는 콘텐츠를 찾는 4단계 키워드 검색법

내 아이가 평소에 흥미를 느끼는 것이 무엇일까? 내 아이는 무엇에 반응하고 무엇을 할 때 표정이 밝은가? 노래를 좋아하는 아이도 있고, 특정 애니메이션 캐릭터나 동물에 열광하는 아이도 있다. 혹은 각종 놀이와 특별한 종류의 장난감을 좋아하는 아이도 있을 것이다. 중요한 것은 아이가 무엇을 좋아하는지 끊임없이 관심을 두고 알아내려는 태도다. 그러니 이제부터 유튜브 키즈를 통해 내 아이가 좋아하는 콘텐츠가 무엇일지 탐색해보자. 그리고 그 콘텐츠를 아이의 영어와 자연스레 연결해보자.

일단은 유튜브 키즈에서 부모가 먼저 다양한 콘텐츠를 두루 살펴보면서 아이와 즐거운 경험을 조금씩 쌓아가야 한다. 어차피 초기에는 새로운 언어 습득을 위한 방대한 영어 노출과 소리 자극이 계속되어야 하므로 당장의 성과는 그리 고려할 필요가 없다.

하루 중 틈새 시간을 활용해 유튜브 키즈의 다양한 애니메이션 영상들을 보여주자. 만약 아이가 어려움을 느낀다면 외국인의 소리를 처음 접하는 생소함과 낯섦이 원인일 확률이 높다. 심지어 아이들은 동양인과 다른 외모 자체에서 심리적인 거부감을 느끼기도 한다.

이런 문제는 영상을 더 자주 보는 것으로 이겨낼 수 있다. 익숙하지 않아 싫어한다고 포기하면 아이는 영어와 친숙한 사이가 될 첫 번째 기회를 놓치는 것이다. 조금 일찍 영어 영상을 보는 이유를 잘 설명하면서 즐거운 분위기를 유지해야 한다. 부모와 단단한 관계를 구축한 아이라면 잘 따라올 것이다.

처음에 습관을 잘 들이기 위해서는 아이의 연령과 선호도를 고려한 영상을 두루 탐색하는 것이 필요하다. 아무리 부모가 보라고 해도 취향에 맞지 않고 재미가 없으면 즐거울 수 없다. 아이가 평소 즐기는 캐릭터의 성격과 취미, 장르를 잘 파악해 캐릭터 애니메이션을 선택해보자.

유튜브 키즈에는 지금 이 시간에도 전 세계의 크리에이터들이 만들어내는 다양한 영상 콘텐츠가 올라오고 있다. 아이들에게 이러한 영상들을 계획 없이 보여주게 되면 유튜브 알고리즘에 의한 추천 시스템으로 비교육적인 영상들에 무분별하게 노출되기 십상이다. 그렇다면 이토록 드넓은 유튜브 키즈에서 내 아이에게 딱 맞는 콘텐츠를 어떻게 찾아내야 할까?

아이와의 약속을 마쳤다면, 이제 우리 아이에게 딱 맞는 유튜브 키즈 콘텐츠를 찾아주는 일만 남았다. 언어 습득을 위해 새로운 문화 속으로 들어가는 길목에서 '좋은 영상'의 기준은 없다. 다만 아이의 수준과 취향에 따라 즐길 가능성이 상대적으로 더 높은 영상이 있을 뿐이다. 이런 영상들은 어떻게 찾을까? 바로 '키워드'에 달려 있다.

1단계: 기본 키워드 찾기

먼저 아이가 평소 좋아하는 그림책이나 우리말 영상이 있다면 그것들을 참고해 키워드를 찾아낼 수 있다. 가령, 공룡이나 공주를 좋아하는 친구들이라면 유튜브 키즈의 검색창에 영어로 'dinosaur' 혹은 'princess'를 검색해본다.

키워드와 관련한 영화 클립 영상, 다큐멘터리, 예능 프로그램 등이 줄지어 나타날 것이다. 그러면 그중에서 한 영상을 클릭해 영어로 된 대사나 내레이션의 양이 충분한지, 재생되는 영상의 스타일이 아이가 흥미를 느낄 만한지 가늠해본다. 키워드에 'read aloud'나 'story'를 더하면 주제와 관련된 그림책을 읽어주는 영상도 함께 검색할 수 있다.

6세 이하의 유아라면 현란한 영상 노출은 오히려 득보다 실이 될 수 있기 때문에 비교적 차분한 영상을 보여주는 것이 좋다. 스토리북을 읽어주는 영상이나 영어 동요 영상으로 시작하는 것을 추천한다.

2단계: 키워드 확장하기

아이가 최근에 읽은 우리말 책의 주제도 좋은 키워드 재료가 될 수 있다. 혹은 얼마 전에 겪은 가족 행사도 좋은 소재다. 특히 아이의 일상 대부분을 차지하는 학교와 관련된 키워드를 검색하면 좋은 콘텐츠를 많이 찾아낼 수 있다.

'new friend'(전학 온 친구), 'sports day'(운동회), 'assignment'(숙제/과제), 'science fair'(과학전람회), 'school library'(학교 도서관),

'back to school'(신학기), 'school musical'(학교 음악회), 'school play'(학교 연극), 'summer camp'(여름 캠프) 등 우리나라 학교의 연중 행사와 관련이 있는 키워드를 검색하면 아이에게 친숙한 영상 콘텐츠를 발견할 수 있다.

'christmas'(크리스마스), 'halloween'(핼러윈), 'birthday'(생일), 'sleepover'(친구 집에서 하룻밤 자기) 같은 키워드도 좋다. 가정에서 보내는 시간이 가장 많은 미취학 아이에게는 'shopping'(쇼핑), 'moving day'(이사날), 'riding a bike'(자전거 타기), 'yard sale'(벼룩시장), 'holiday'(휴가), 'swimming'(수영), 'summer vacation'(여름방학) 등의 키워드가 적합하다.

3단계: 캐릭터 애니메이션 키워드와 결합하기

기본 키워드를 찾아내 주제를 확장했다면, 이제 여기에 아이가 좋아하는 애니메이션 콘텐츠의 이름을 추가해보자. 예를 들면 'halloween'이라는 키워드에 캐릭터 이름인 'caillou'를 결합시키는 것이다. 또는 'swimming'이라는 키워드에 'arthur'를 더해보자. 아이는 평소 자기가 좋아하던 캐릭터가 등장하는 영상을 보면서 해당 영어 키워드의 의미를 입체적으로 이해하게 될 것이다. 주인공 캐릭터를 비롯한 다양한 캐릭터들이 쉴 새 없이 쏟아내는 생생한 대사를 들을 수 있다는 점도 큰 장점이다.

4단계: 영상 저장하기

아이가 특히 좋아했거나 유독 집중해서 본 콘텐츠는 언제든 찾아보기 쉽도록 '즐겨찾기'에 추가해두거나 따로 저장해놓자. 매일 검색한 키워드를 날짜별로 따로 기록해두면 좋다. 계획 없이 아이 앞에서 무심코 유튜브 키즈에 들어가는 것을 반복하면 유익하지 않거나 불필요한 영상에 대한 호기심만 키울 수 있으므로 주의한다.

"아이가 자꾸 폭력적인
영상만 봐서 걱정이에요"

초등학교 2학년 남자아이를 둔 엄마입니다. 얼마 전부터 아이가 '마블 시리즈'에 푹 빠져서 때리고 부수는 영상만 찾아보기 시작했습니다. 요즘에는 '마인크래프트' 같은 게임 동영상만 즐겨 보는데 그냥 내버려둬도 될지 고민스럽습니다.

평소에 많이 받는 질문입니다. 무언가를 해도 되는지에 대한 질문은 늘 어렵습니다. 게다가 물어보시는 영상들을 제가 잘 알지 못할 때도 많아서 한마디로 딱 잘라 말씀드리기 어렵지요.

그럼에도 불구하고 감히 제 생각을 말씀드리자면, 아이가 좋아서 몰입하는 영상 콘텐츠라면 보여주셔도 좋다고 생각합니다.

우리가 아이에게 영어를 가르치는 궁극적인 이유는 무엇일까요? 아이가 더 넓은 세계에서 자신의 진로와 꿈을 찾도록 돕는 것이 아닌가요? 아이가 일찌감치 어떤 콘텐츠에 열광한다면 세상 그 어떤 콘텐츠에도 관심이 없는 친구들보다는 낫지 않을까요? '덕후'가 성공하는 시대입니다. 어른의 눈에는 별 볼 일 없어 보이는 것들이 실로 거대한 산업을 이루어 성장하고 있습니다.

특히 디즈니는 '마블 시리즈'로 문화 산업에서 그 누구도 넘볼 수 없는 존재감을 과시하고 있고, 아이들이 열광하는 '마인크래프트' 등 게임 산업 역시 4차 산업혁명 시대의 핵심 분야로 각광받고 있습니다.

다만 부모로서 고려할 것이 있다면, 영상 속에 아이가 수용할 수 없는 폭력성이나 선정성이 있는지 확인해보는 것 정도입니다. 너무 엄격한 잣대로 아이의 문화 감수성을 차단하지 마세요. 아이가 자신이 진정으로 좋아하는 것에 몰입하며 다양한 재능과 강점을 발견하도록 기다려주세요.

누가 알아요? 우리 아이가 훗날 그 분야에서 세상을 깜짝 놀라게 할 인물이 될지. 만약 그 콘텐츠 덕분에 영어를 자유자재로 듣고 말하는 능력이 생긴 친구라면 한국을 넘어 더 넓은 세상에서 자신의 재능을 마음껏 펼치게 되지 않을까요?

실전편

아이와 함께 콘텐츠 영어 지도 그리기

The best inheritance a parent can give his children is
a few minutes of his time each day.
부모가 자녀에게 줄 수 있는 최고의 유산은 매일 속의 몇 분이다.
– O. A. 바티스타

내가 아이들에게
'ingredient'라는 단어를 습득시킨 방법

똥인지 된장인지는 아이들도 알고 있다

아무리 유튜브에 대해 편견을 가진 부모라도 '도티'나 '허팝' 같은 유명 크리에이터의 이름은 들어보았을 것이다. 많은 부모가 도티가 연세대학교 법학과를 나왔다는 사실에 주목하지만, 나는 그가 남들보다 훨씬 먼저 디지털 미디어의 가능성을 알아봤다는 사실이 더 놀라웠다. 주로 엉뚱하고 기발한 실험 영상을 올리는 허팝은 콘텐츠 생산을 통해 자신이 얻은 것을 기꺼이 사회와 나누는 모습으로 수많은 크리에이터에게 귀감이 되고 있다.

부모의 눈에는 의미 없고 우습거나, 심지어 괴상해 보일지 몰라도 많은 아이가 그들이 만든 영상 콘텐츠를 통해 자신의 흥미를 찾고 호기심을 해소하며 꿈과 진로를 탐색하고 있다. 가장 놀라운 것은 저속한 표현을 쓰거나 옳지 않은 행동을 하는 크리에이터를 아이들도 구별할 줄 안다는 것이다. 만약 자신이 구독하는 유튜버가 그런 언행을 보이면 아이들은 당장 구독을 중단하고 멀리한다.

유튜브 크리에이터가 아이들에게 미치는 영향력이 크다는 사실을 받아들이고, 완전히 뒤바뀐 미디어 환경 안에서 재능을 계발하도록 부모가 먼저 아이들에게 통로를 열어주면 어떨까? 더 나아가 아이가 한국어 영상에 익숙해지기 전에 부모가 먼저 해외 크리에이터를 소개해줌으로써 아이 일상에 자연스럽게 영어권 문화가 녹아들도록 유도한다면 아이의 일상은 어떻게 변할까?

오감으로 배운 단어는 결코 잊히지 않는다

언젠가 아이들과 영어 잡지를 함께 보다가 구체적으로 설명하기에는 다소 어려운 단어가 나와서 인터넷에 검색해봤다.

ingredient

1. (특히 요리 등의) 재료나 성분.

2. (…을 이루는 데 중요한) 구성 요소.

성인이 보기에도 어려운 이 단어를 아이에게 어떻게 설명해줄

까 고민하다가, 유튜브에서 이 단어와 관련한 매우 흥미로운 콘텐츠를 찾아냈다. 자매 둘이 나와 스무디를 만드는 영상이었는데, 미리 다양한 '재료Ingredient'를 준비한 뒤 즉석에서 재료들을 임의로 혼합해 맛을 보는 일명 '스무디 챌린지'를 다룬 영상이었다. 초콜릿, 스프라이트, 바나나, 핫소스, 코코넛 등 전혀 어울리지 않을 것 같은 재료들이 제멋대로 뒤섞인 스무디를 맛보며 출연자들은 얼굴을 찌푸리거나 박장대소하기도 했다. 영상을 보던 아이도 어느새 신이 나서 몰입했다.

머릿속으로 그저 짐작만 하던 단어를 실제로 온갖 재료를 뒤섞어 마시는 게임으로 '습득'한 아이는 이 단어를 아마 아주 오래 기억할 것이다. 단순히 단어 하나를 배우자고 영어 영상을 보여주는 것은 아니다. 아이는 한 편의 영상을 보면서 듣게 되는 생생한 원어민의 목소리를 통해 자신이 이미 알고 있는 단어와 표현을 더욱 확실하게 이해하게 된다. 그러므로 그 잠깐의 시간을 아까워해서는 안 된다.

실제 아이들이 가장 흥미를 보이는 콘텐츠는 자신이 좋아하는 분야를 다룬 영상들이다. 게임, 과학 실험, 요리, 그리기, 종이접기, 마술 등 끝도 없이 다양한 영상 콘텐츠가 전 세계 아이들의 이목을 끌고 있다. 아이들은 영상에 등장하는 요리나 실험을 따라하기 위해 영상 속 재료를 직접 준비하는 과정에서 각 재료의 영어 이름을 자연스럽게 익히기도 한다.

물을 붓는 장면에서 'pour'(붓다)라는 단어가 나오고, 종이를 절반으로 접는 장면에서 'fold it in half'(반으로 접다)라는 표현이

나온다. 한 언어를 배우기에 이보다 더 쉽고 재밌는 방법이 또 있을까? 언제까지 똑같은 단어를 여러 번 반복해서 쓰고, 틀리지 않고 외울 때까지 시험을 치는 영어 공부를 고수해야 할까? 재능을 탐색하며 신나게 즐기면서도 효과적으로 영어를 공부할 수 있는 방법은 무궁무진하다. 이를 눈앞에 두고도 막연한 두려움과 불안 때문에 유튜브를 영어 공부에 활용하지 못한다면 너무나 큰 손해가 아닐까?

　게다가 유튜브에서는 댓글 기능을 활용해 전 세계 친구들과 실시간으로 소통할 수도 있다. 일방적으로 콘텐츠를 내보내는 텔레비전이나 동영상 강의 등 다른 미디어 플랫폼에 비해 훨씬 더 몰입감이 크다. 만약 아이가 올바른 유튜브 콘텐츠 활용법에 어느 정도 익숙해졌다는 생각이 들면 부모가 함께 유튜브 영상을 시청하며 아이가 스스로 댓글을 달아보도록 옆에서 도와주자(앞에서 다룬 '유튜브 키즈'는 현재 사용자가 댓글을 보거나 달지 못하게 막아놓았다).

아이는 이 과정에서 모르는 사람과의 현명한 소통 방식을 배우고, 앞으로 살아갈 디지털 시대의 지혜로운 '댓글 문화'도 미리 경험할 것이다. 게다가 현지인이 실제로 사용하는 생생한 영어를 읽고 해석하는 것만으로도 아이에게 훌륭한 읽기 공부가 되지 않을까?

* * *

이번 장에서는 지난 수년간 아이들과 영어를 즐기고 공부하며 유튜브에서 찾아낸 다양한 영어 공부 콘텐츠를 정리했다. 유튜브에 얼마나 다양한 영어 콘텐츠가 있고, 그것들을 어떻게 활용하면 좋을지에 관해 함께 공부해보자.

하지만 이 자료들은 광활한 콘텐츠의 바다를 이루는 빙산의 일각에 불과하다. 지금 당장 아이에게 무엇부터 보여줘야 할지 몰라 고민하는 부모라면 일단 여기에서 소개하는 영상들을 아이와 하나씩 시청해보며 서로의 취향과 수준을 파악해보자. 그러다 보면 어느새 내 아이에게 딱 맞는 세상에 하나뿐인 콘텐츠 영어 지도를 그리게 될 것이다.

유튜브에서 활용할 수 있는 엄마표 콘텐츠 영어의 재료들

구분	목표	대표 채널
노래로 부르는 영어 동화	흥겨운 노래로 유아기 영어 소리 노출	Mother Goose Club Super Simple Songs …
캐릭터 애니메이션	시청각 콘텐츠를 활용해 맥락에 따른 소리 듣기 경험	Arthur Peppa Pig Martha Speaks …
파닉스 / 사이트워드	각 문자의 정확한 소리 이해	Alpha Blocks …
해외 유튜버	다양한 상황의 듣기 연습, 영미 문화에 익숙해지기	Hiho Kids Zach King Ryan's World …
클립 영상	영화 대사를 활용해 듣기 및 말하기 연습	Disney Channel Movieclips …

노래로 부르는 영어 동화

모든 콘텐츠 영어 교육의 시작

이제 막 영어를 시작한 아이들이 가장 먼저 접하는 영어 콘텐츠는 역시 노래다. 영어로 된 노래를 들려주는 것은 아이들에게 모국어와 구분되는 영어 듣기 환경을 만들어주는 가장 쉬운 방법이다. 다양한 노래 가사와 더불어 음감을 일깨우는 각종 의성어와 의태어가 아이들 귓가에서 통통 뛰며 소리에 예민한 아이들의 청각을 부지런히 자극한다. 아직 우리말이 서툰 아이들은 모국어와 영어 소리의 미세한 차이를 오히려 더 잘 잡아낸다. 재미를 느끼는 아이들은 처음 듣는 영어 동화도 곧잘 흉내를 낸다.

흥겨운 선율에 감싸인 가사를 즐겁게 따라 부르다 보면 나중에는 가사의 일부 단어만 바꿔 비슷한 '문장 패턴'을 만들어낼 수도 있다. 아직 장시간 영상 노출이 부담스러운 연령대라면 아이가 일상에서 놀이를 할 때 옆에 '노부영'을 틀어놓기만 해도 좋다. 이 단계는 향후 본격적인 영어 몰입기에 대비하는 과정이라고 생각하자. 이때 나오는 영어 가사는 철자의 소리를 막 배우기 시작한 아이에게 문자 읽기 능력을 키워주는 훌륭한 도구로도 활용할 수 있다. 노래 가사와 더불어 아이가 단어 하나하나를 눈으로 따라가다 보면 저절로 '파닉스'와 '사이트워드Sight Words'(영어를 읽을 때 자주 등장하는 기본 단어)를 습득하는 효과를 얻을 수도 있다.

그러나 이러한 '문자 읽기 활동'이 음악을 즐기는 시간을 방해해서는 안 된다. 아이들에게 음악이란 그저 행복하고 즐거운 경험으로 남아야 하기 때문이다. 읽기 공부는 거기에 따라오는 다양한 교육 효과의 하나일 뿐이다.

Mother Goose Club
구독자: 749만 명

아이가 아직 많이 어리다면 원어민들이 직접 출연해 불러주는 '마더구스클럽'의 영상을 틈날 때마다 보여주자. 이 채널은 이런 마더구스뿐만 아니라 현대 미국 동요들도 다양하게 소개한다. 아이에게 세계인과의 만남을 간접적으로나마 경험시켜 줌으로써 훗날 다양한 원어민과의 의사소통을 가로막을지도 모를 '문화적 낯가림'을 없애주자.

Super Simple Songs
구독자: 2470만 명

쉽고 간결하며 반복적인 문장이 가득해 어린 영유아도 금세 배울 수 있다. 입에 착착 달라붙는 멜로디와 신나는 영상으로 아이가 즐겁게 영어의 첫걸음을 떼도록 도와주자. 조기에 과다한 영상물 시청이 걱정되는 가정에서는 이 채널의 영상을 틀어두고 아이에게 노랫소리만 자주 들려줘도 충분하다.

Maple Leaf Learning
구독자: 56.4만 명

영어를 처음 배우는 아이들을 위해 만든 채널로, 간단하고 재미있는 언어 교육용 노래 자료가 가득하다. 현직 교사들이 교실에서 직접 아이들과 소통하며 만든 콘텐츠가 가득해서 가정에서도 목적에 따라 다양하게 활용하기에 좋다. "아이들은 자신이 배우고 있다는 사실을 인식하지 못할 때 가장 잘 배운다(Kids learn best when they don't realize that they're learning)"라는 채널의 설명글은 우리가 추구해야 할 엄마표 영어의 핵심 주제와도 맞닿아 있다.

ELF Kids Videos

구독자: 51.4만 명

어린 유아나 초등 저학년을 위한 언어 습득 교육 콘텐츠가 가득하다. 엄마가 혹시 공부방 교사라면 수업에서 '챈트 따라 하기' 활동으로 활용할 수 있는 기본 단어들과 파닉스, 사이트워드를 습득할 수 있는 콘텐츠가 많이 올라와 있다. 집에서 기본 단어를 공부하거나 '문자 읽기'를 가르칠 때 이 채널의 콘텐츠를 중간중간 학습 자료로 활용해보자.

Barefoot Books

구독자: 30.2만 명

세밀하고 화려한 색감의 생생한 그림들이 노래와 어우러져 아이를 들뜨게 만든다. 신나는 영상을 함께 시청하다 보면 어느새 열심히 노래를 따라 부르는 아이를 보게 될 것이다. 흥겨운 멜로디를 따라 화면 하단에 가사가 노출되니 영어가 잘 안 들려도 자막을 따라가며 부모도 함께 즐길 수 있다. 부모가 먼저 노래를 따라 부르며 아이에게 더욱 적극적으로 영어에 대한 흥미를 유도해보자.

넷플릭스
vs. 리틀팍스

넷플릭스, 영화가 주는 힘!

온라인에서 언제든 다양한 영상 콘텐츠를 즐길 수 있는 OTT(Over The Top, 셋톱박스 없이 인터넷으로 영상 콘텐츠를 제공하는 서비스) 플랫폼 '넷플릭스' 역시 유튜브 못지않게 모국어 습득 방식의 엄마표 콘텐츠 영어에 많은 도움을 준다. 2016년 서비스를 시작한 국내 OTT 플랫폼 '왓챠WATCHA'도 넷플릭스만큼이나 다양한 영상 콘텐츠를 담고 있다. 키즈 콘텐츠의 최강자 디즈니에서도 OTT 사업을 시작해 2021년 이후 한국에 상륙할 예정이라고 하니, 앞으로 엄마표 영어를 실천할 아이와 부모가 선택할 콘텐츠의 폭은

더없이 넓어질 전망이다.

예전에는 해외 영화를 일일이 DVD로 대여해 손이나 종이로 자막을 가려 아이에게 보여주곤 했다. 하지만 이제는 모두 옛일이 되어버렸다. 스마트폰 하나만 있으면 앉은 자리에서 아이와 영화, 드라마, 시트콤, 다큐멘터리 등 다양한 주제의 전 세계 영상 콘텐츠를 편하게 즐길 수 있다. 틴에이저 시트콤과 청소년 드라마는 아이들에게 특히 인기가 많다. 자연과 역사를 아우르는 다양한 다큐멘터리는 자막을 꼼꼼하게 읽으며 시청하면 듣기 능력과 함께 논픽션 읽기 능력을 개발할 수 있다. 편리한 점은 폭넓은 콘텐츠의 깊이뿐만이 아니다. 몇 번의 터치로 영어 자막, 한국어 자막을 볼 수 있고, 영상 재생 속도도 자유자재로 조작이 가능하다. 아이가 대사를 놓치면 바로 '10초 뒤로'를 눌러주면 된다.

이러한 다양한 OTT 서비스 중에서도 지금 시점에서 가장 많은 콘텐츠를 보유하고 있고 엄마표 영어에 도움이 되는 플랫폼은 역시 '넷플릭스'다. 넷플릭스의 최대 장점은 셀 수 없이 많은 영미권 영화 콘텐츠를 보유하고 있다는 점이다. 엄마표 콘텐츠 영어를 진행할 때 영화 콘텐츠가 주는 힘은 무척 놀랍다. 캐릭터 애니메이션이나 유튜브 예능 콘텐츠에 비해 말이 빨라 아이가 제대로 듣지 못할까 봐 우려하는 부모가 많지만, 충분한 듣기 연습을 경험한 아이라면 얼마든지 영화의 짜릿한 즐거움에 빠져들 수 있다. 실제로 큰아이도 엄마표 영어 초기부터 디즈니 영화를 몰입해 보며 영어 듣기 실력을 차곡차곡 쌓았다.

요즘은 정말 많은 사람이 넷플릭스에 가입해 영상 콘텐츠를 즐기고 있다. 그런데 아이가 있는 부모조차 이러한 훌륭한 영어 습득 도구를 아이 영어 공부에 활용할 생각을 하지 않고 있어서 깜짝 놀랐다. 이미 넷플릭스에 가입해 계정이 있는 가정이라면 오늘 당장 키즈 콘텐츠를 검색해 아이와 함께 무자막 영상 보기를 시작해보자.

리틀팍스, 영상으로 읽는 책!

리틀팍스Little Fox는 예전부터 많은 부모에게 호평을 받아온 영어 영상 콘텐츠 플랫폼이다. '애니메이션 동화에 의한 영어 교육'을 핵심 가치로 표방하는 리틀팍스는 말 그대로 영어 동화책을 애니메이션 영상으로 제작해 제공하는 서비스다. 제공되는 콘텐츠를 그대로 출력하면 바로 책으로 만들 수 있을 정도로 내용이 충실하고 상황에 대한 묘사도 훌륭하다. 영상 속 캐릭터들이 움직이는 동작 하나하나에 대해 내레이션 설명이 더해져 어린 아이가 영어를 익히기에 안성맞춤인 서비스다.

요즘에는 유튜브 채널을 통해 일부 콘텐츠를 미리 볼 수 있도록 올려두었으니 이를 먼저 아이에게 보여주자. 흥미를 느끼는 콘텐츠가 많다면 그때 가서 구매를 고려해도 늦지 않다. 한두 가지 선호하는 스토리 콘텐츠 외에는 아이가 잘 보지 않아 아쉽다는 평도 많으니 구매 전에 반드시 리틀팍스 유튜브 공식 채널에 올라와 있는 다양한 콘텐츠를 아이가 즐기는지 꼭 살펴보자. 영어를 습득할 수 있는 통로는 얼마든지 있으므로 아무리 좋은 것이라도 아이가 즐기지 않는다면 계속할 필요가 없다.

* * *

불과 수년 사이에 영어 영상 콘텐츠를 고를 수 있는 선택의 폭이 비약적으로 넓어졌다. 인터넷이 연결된 PC나 모바일만 갖고 있으면 언제 어디서든 OTT 플랫폼이나 유튜브를 통해 아이에게 꾸준히 양질의 영어 영상 콘텐츠를 제공할 수 있게 되었다. 약간의 의지와 도구만 있으면 아이의 일상을 영어 노출 환경으로 만들 수 있게 된 것이다.

그런데 역설적이게도 예전보다 영어 콘텐츠에 대한 접근이 너무 쉬워지고, 큰 비용이 들어가지 않아 오히려 그 효과를 의심하는 부모가 정말 많다. 시작도 안 해보고 '그런 방법으론 아이의 영어 실력을 키울 수 없다'고 지레 포기하는 부모들을 볼 때마다 너무나 안타깝다. 지금부터라도 아이의 흥미를 따라 꾸준히 영어 콘텐츠를 소개시켜주자. 마치 새로운 친구를 사귀듯이 아이가 조금씩 영어라는 세계에 젖어들도록 옆에서 지켜봐주자. 그러면 어느새 아이는 누가 시키지 않아도 영어라는 더 넓은 세계에서 뛰어놀 것이다.

캐릭터 애니메이션

아이를 영어로 이끄는
마법의 콘텐츠

아이가 가정과 이웃 사회에서 자아를 인식하기 시작할 즈음 부모
는 다양한 우리말 자극을 통해 아이의 모국어 실력이 안정적으
로 발달되도록 최대한 도와야 한다. 모국어 실력의 기초를 탄탄하
게 쌓아야만 다음 단계로 넘어갈 수 있기 때문이다. 그런 다음 아
이가 유치원에 들어갈 때쯤부터는 외국의 일상을 다룬 다양한 캐
릭터 애니메이션을 각 가정의 상황에 맞춰 매일 조금씩 보여주자.
이제는 아이의 일상을 '이중 언어 환경'으로 만들어주기 시작할
때다.

초반에는 아이와 함께 영상을 보며 우리말로 상황을 설명하거
나 아이가 답을 찾도록 힌트를 주는 것이 좋다. 간섭이라고 생각

하지 않을 정도면 충분하다. 아이가 처음부터 영상에 잘 몰입한다면 그냥 함께 웃고 즐기기만 해도 상관없다.

이렇게 1~2년 이상 매일 하루 1~2시간씩 무자막으로 영상을 시청하며 그것이 일상이 되면 아이는 서서히 그 어떤 어린이용 영화 콘텐츠도 부담 없이 받아들이게 될 것이다. 그러니 여기 나와 있는 콘텐츠들을 통해 오늘부터 꼭 실천해보자. 애니메이션 캐릭터에 익숙해진 아이는 문화적 다양성을 폭넓게 수용할 정도로 정서적 감수성이 발달된다면 넷플릭스의 '어린이/청소년용 미국 시트콤'도 즐길 수 있게 될 것이다. 나아가 실사 예능 콘텐츠와 영화까지 섭렵할 것이다.

여기에 소개한 유튜브 애니메이션 콘텐츠는 어디까지나 유튜브의 수많은 콘텐츠 중 일부일 뿐이니, 이들 영상을 참고해 아이가 가장 적극적으로 반응하는 캐릭터 애니메이션을 꼭 직접 찾아보기 바란다. 또한 부모가 평소 유튜브에 다양한 애니메이션의 제목을 검색하는 습관을 들이면, 어느새 유튜브 알고리즘이 자동으로 아이에게 가장 어울리는 콘텐츠를 추천해줄 것이다. 모국어 습득 방식의 엄마표 영어 초창기에는 아이가 좋아할 만한 콘텐츠를 찾아 끊임없이 공급해주는 일이 가장 중요하다는 점을 잊지 말자.

일상의 생생한 대화체가 가득!

Caillou - WildBrain
구독자: 170만 명

원작 그림책에 나오는 '까이유$_{Caillou}$' 가족의 일상과 친구들과의 에피소드를 애니메이션 형식으로 구현했다. 엄마표 영어에서 가장 대표적인 '귀 뚫기용 콘텐츠'다. 미국의 평범한 가정 문화를 배울 수 있어 부모도 함께 말하기 연습용 자료로 활용하기 좋다. 주인공이 만 6세가 되지 않은 유아이다 보니, 에피소드의 주된 주제가 가족과 관련되어 있어서 전반적인 내용이 다소 평이하다. 이런 내용에 금세 지루함을 느끼는 초등학생 이상 아이들에겐 억지로 시청을 강요하진 말자.

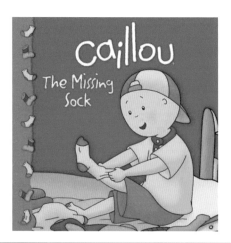

Treehouse Direct
구독자: 74만 명

만약 아이가 당장 수개월 내에 외국 학교에 가서 적응해야 한다면 「티모시네 유치원」이라는 애니메이션을 추천한다. 다양한 영어 애니메이션이 올라와 있는 'Treehouse Direct' 채널에서 감상할 수 있다. 애니메이션의 내용이 주로 가정, 유치원, 학교 등에서의 에피소드로 이루어져 있어서 외국의 문화를 간접 경험시키는 데 제격이다. 또한 애니메이션의 주요 등장인물인 '젠킨스Jenkins' 선생님이 들려주는 생생한 영어 표현 덕분에 영어를 가르치는 학교나 학원 교사들에게도 유용한 내용이 가득하다.

Max & Ruby - Official

구독자: 9.5만 명

모든 아이가 사랑하는 초기 엄마표 영어 캐릭터 애니메이션 시리즈다. 쉴 틈 없이 동생을 챙기며 말을 하는 수다쟁이 주인공 '루비Ruby'와 함께 기본적인 영어 회화를 배울 수 있다. 초등 저학년 이하 아이들이 특히 좋아하고, 엄마표 영어를 처음 시작하는 가정에서 질리지 않고 수개월 동안 반복 노출시키기에 적당하다.

Little Bear - Official
구독자: 8.81만 명

따뜻한 클래식 선율을 배경 삼아 사랑스러운 '리틀 베어_{Little Bear}' 가족의 일상이 펼쳐진다. 여러 동물 친구와의 대화가 비교적 선명하게 들려 초기 영어 학습에 큰 도움이 된다. 'Little Bear' 캐릭터는 대표적인 리더스북인 『An I can read book』 시리즈에도 수록되어 있다. 화려하고 선명한 색감을 좋아하는 친구들에게는 매력적이지 않을 수도 있지만, 아이의 차분한 정서적 안정을 도모하고 싶다면 한가한 시간을 골라 모른 척 틀어놓고 사랑스러운 곰 가족과 친해질 기회를 줘보자.

Olivia The Pig Official Channel
구독자: 11.7만 명

화가이자 일러스트레이터 이언 포크너Ian Falconer가 자신의 조카 '올리비아Olivia'에게서 영감을 받아 쓴 원작 그림책을 영상으로 새롭게 구현했다. 조카와 그녀의 동생 '이안Ian' 가족의 일상을 중심으로 갑작스럽게 벌어지는 문제 상황을 기발한 아이디어로 해결해나가는 줄거리다. 매회 잠자리에 들기 전 부르는 주인공의 귀여운 독백 노래가 인상적이다.

Peppa Pig - Official Channel
구독자: 1900만 명

영국에서 만들어져 전 세계 아이들의 사랑을 받는 귀여운 돼지 가족 캐릭터 애니메이션. 아직 저학년 아이라면 돼지 가족이 내는 다채로운 의성어 소리에 금세 매료되어 영어에 더욱 친근하게 다가갈 것이다. '페파 피그Peppa Pig' 가족과 동물 친구들의 소동을 즐겁게 시청하며 일상 영어 회화를 재미나게 익히자.

Curious George Official
구독자: 196만 명

다양한 미국 문화가 선명한 색감으로 가득 채워진 애니메이션. 원숭이 '조지George'를 늘 챙겨주는 따뜻한 어른 친구 '노란 모자를 쓴 남자(The man with a yellow hat)'의 내레이션을 통해 모든 이야기가 진행된다. 이 애니메이션은 'Curious George'라는 이름의 '픽처북'(미국에서 어린아이들이 읽는 그림 동화책) 시리즈로도 시중에 나와 있다.

The Berenstain Bears - Official
구독자: 9.14만 명

곰 가족의 평온하고 따뜻한 일상 이야기가 가득하다. 다소 차분한 그림과 색채로 그려진 애니메이션이라 좋아하지 않는 아이들도 있지만, 아이들의 심리를 잘 파고들면서도 교훈적인 내용과 메시지가 많아 유익하다. 책으로도 나와 있어 유튜브에서 해당 책 이름으로 검색해 함께 즐길 수 있도록 도와주면 더 좋다. 픽처북 시리즈는 수준이 조금 높지만 평소 애니메이션을 꾸준히 즐긴 아이라면 큰 어려움 없이 이해할 수 있다.

Arthur

구독자: 5.51만 명

미국인이라면 누구나 어릴 때부터 접하는 너무나도 유명한 키즈 콘텐츠. 우리나라에서는 「내 친구 아서」라는 애니메이션 시리즈로 방영되었다. 리더스북부터 챕터북에 이르기까지 다양한 콘텐츠와 연계해 즐길 수 있다. 시대를 반영한 에피소드가 유튜브에 꾸준히 올라오고 있으며 무려 시즌 23까지 출시됐다. 미국 초등학교 학생들의 평범한 일상이 주요 콘텐츠이므로 초등 고학년까지 즐길 수 있다. 마치 우리 반에 있을 것 같은 재미있는 캐릭터가 많아 아이가 한번 흥미를 붙이면 수년간 영어 실력 향상의 기초를 쌓는 콘텐츠로 활용할 수 있다.

모험을 즐기는 친구라면!

Wild Kratts
구독자: 79.8만 명

'크리스 크래츠Chris Kratts'와 '마틴 크래츠Martin Kratts'라는 쌍둥이 아저씨의 야생동물 탐험 이야기. 야생, 환경, 생태학에 관한 이야기를 아이의 눈높이에 맞춰 재미있는 캐릭터들을 통해 풀어간다. 처음에는 실사 영화처럼 쌍둥이 아저씨가 등장하다가 본격적으로 모험 이야기가 시작되면 화면이 애니메이션으로 전환된다.

Magic School Bus
구독자: 넷플릭스 콘텐츠

괴짜 '프리즐Frizzle' 선생님과 반 친구들의 과학 모험 이야기. 친구들 각각이 지닌 독특한 개성이 자칫 지루할 수 있는 과학 이야기를 흥미진진하게 이끈다. 우리말로 번역된 책(『과학탐험대 신기한 스쿨버스』)도 나와 있으므로 책을 통해 사전에 주제별로 용어를 미리 익히고 시청한다면 좀 더 효과적으로 지식을 흡수할 수 있다.

PJ Masks Official
구독자: 402만 명

'아마야Amaya', '그레그Greg', '코너Connor'라는 세 친구가 밤만 되면 슈퍼히어로로 변신해 낮 동안 각종 문제를 일으킨 적들을 무찌르는 텔레비전 시리즈. 히어로물은 언제나 아이들의 마음에 통쾌한 청량감을 느끼게 하므로 늘 인기가 좋은 콘텐츠다. 이 애니메이션을 연결고리로 삼아 아이가 자연스럽게 디즈니나 드림웍스Dreamworks 등 좀 더 짜임새 있는 영화 콘텐츠를 즐기도록 도와주자.

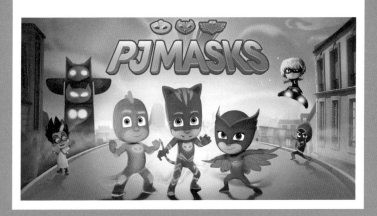

Ranger Rob - Official
구독자: 1.71천 명

캐나다의 '트리하우스 TV_{Treehouse TV}'에서 첫선을 보인 후 영미권에서 폭넓게 사랑받고 있는 애니메이션 시리즈. '빅 스카이 파크_{Big Sky Park}' 지킴이인 주인공 '롭_{Rob}'의 모험과 활약을 함께 시청하다 보면 자연을 사랑하고 친구를 돕는 착한 마음도 자연스럽게 배울 수 있다.

Chloe's Closet - Full Episodes
구독자: 9.74천 명

한국에서는 「클로이의 요술옷장」이라고 알려진 TV 시리즈로 EBS에서 방영됐다. 주인공 '클로이Chloe'가 특별한 옷장에 걸린 옷을 입으면 그 옷의 주인공으로 변신해 친구들과 흥미로운 모험을 이어간다. 매회 옷이 바뀌므로 다양한 직업에 대한 정보를 얻을 수 있어 교육용으로 제격이다. 아이가 이 시리즈를 즐긴다면 매 에피소드가 끝나고 아이에게 이렇게 물어보자. "오늘은 클로이가 무슨 옷을 입었니?"

Angelina Ballerina
구독자: 7.13만 명

원작 그림책 『Katharine Holabird』를 기초로 만들어진 텔레비전 시리즈. 프리마돈나를 꿈꾸는 생쥐 '안젤리나 발레리나Angelina Ballerina'와 친구들의 성장 이야기를 담았다. 미국 성우의 발음도 매우 수준이 높고 명확하게 들려, 영화나 드라마 등 실사 콘텐츠에 본격적으로 입문하기 전에 들려주면 좋다.

Strawberry Shortcake - WildBrain

구독자: 57.9만 명

원래는 미국의 '인사 카드Greeting Card'에 그려진 만화 캐릭터였는데 점점 인기가 많아져 다양한 상품으로 개발된 끝에 텔레비전쇼로도 만들어졌다. 화려한 색감의 옷을 예쁘게 차려입은 소녀 캐릭터들이 등장하며, 이들이 모여 살며 벌이는 평범한 일상을 다룬다. 여자아이들에게 특히 더 인기가 많은데, 또래 친구들끼리 살아보고 싶은 아이들의 마음을 대리 만족시켜 주기 때문이지 않을까?

Milly, Molly - Official Channel
구독자: 28.5만 명

작가 길 피터_{Gill Pittar}가 지은 동명의 책을 원작으로 삼은 호주 TV 애니메이션 시리즈. 서로 다른 인종의 두 소녀가 주인공으로 나오는 원작 도서와 마찬가지로, 신학기 학교 가는 첫날 각자가 키우는 반려 고양이로 인해 절친이 된 두 여자아이의 흥미진진한 학교 생활과 성장 이야기가 펼쳐진다. 원작 도서는 인종 간 다양성을 받아들이자는 교훈을 주고자 집필됐다고 한다.

광활한 콘텐츠의 바다, 어떤 키워드로 검색해야 할까?

주제별 추천 키워드

구분	추천 키워드
애니메이션 캐릭터	Maisy, Caillou, Peppa Pig, Pororo, Dibo, Olivia the Pig, Looney Toons, Pete the Cat, Charlie and Lola, Little Bear, Angelina Ballerina, Franklin the Turtle, Max and Ruby, Curious George, Octonauts, Simon, Arthur, Phineas and Ferb, Horrid Henry, Wild Kratts, Wayside School, The Magic School Bus, Geronimo Stilton, Sabrina the Teenage Witch
기념일	Christmas(성탄절), Halloween(핼러윈), Mother(Father)'s Day(부모님의 날), Valentine's Day(밸런타인데이), Thanks Giving Day(추수감사절), Easter Day(부활절), Flower Girl(결혼식 화동)

구분	추천 키워드
활동	Origami(종이접기), Cooking(요리), Craft(공예), Cleaning(청소), Drawing(그리기), Dancing(춤), Scavenger Hunt(물건 찾기 놀이), Snowman(눈사람), Painting(색칠하기), Baking(제빵), Parade(퍼레이드), Hide and Seek(숨바꼭질), Treasure Hunt(보물찾기), Bathtub(목욕 놀이), Pirate(해적 놀이), Fishing(낚시)
과학/자연	Science Experiment(과학 실험), Tornado(토네이도), Volcano(화산), Earthquake(지진), Dinosaur(공룡), Snow(눈), White Shark(백상아리), Polar Bear(북극곰), Gravity(중력), Outer Space(우주 공간), Climate Change(기후 변화), Global Warming(지구온난화), Deep Sea Creatures(심해생물), Electricity(전기), Storm(폭풍우)
가족/일상	Cleaning Day(대청소날), Moving Day(이사날), Birthday(생일), Tooth Fairy(이빨 요정), Imaginary Friend(상상 친구), Yard Sale(벼룩시장), Sleepover(Pajama) Party(밤샘파티), New Baby(동생이 태어난 날), Go to Bed(잠자리), Eat Out(외식), Babysitting(부모님 대신 아이 돌봐주기), Summer Vacation(여름방학), Chicken Pox(수두), Hiccups(딸꾹질), Monster Under the Bed(침대 귀신), Gardening(정원 가꾸기), Rainy Day(비 오는 날), Library(도서관), Nightmare(악몽), Pocket Money(용돈), Lost and Found(분실물 보관소)
학교	Back to School(새 학년 첫 등교날), Fire drill(소방 훈련), Show and Tell(좋아하는 물건 가져와 발표하는 날), Spelling Bee(철자 맞추기 대회), Science Fair(과학의 날), April Fool's Day(만우절), Field Trip(현장 체험), Earth Day(지구의 날), Sports Day(운동회), 100th Day of School(100번째 등교한 날을 기념하는 행사), Crazy Hair Day(특이한 머리모양을 하고 등교하는 날), School Play(연극), Talent Show(장기자랑), Lunch Box(도시락), Graduation Day(졸업식), Contest(대회), Bully(불량배)

파닉스와 사이트워드

글자를 읽어내는 힘,
'영어 해독'의 기초

노래나 애니메이션 영상에만 지나치게 의존해 엄마표 영어를 진행하면 나중에 아이가 활자로 된 영어 콘텐츠를 읽어야 할 순간이 왔을 때 애를 먹을 수 있다. 평소 아이에게 영어책 속 흥미진진한 이야기를 자주 들려줘 영상뿐만 아니라 책 속에도 재미난 이야기가 가득 담겨 있다는 것을 자꾸 알려주자. 아이가 책과 친해지는 것이 엄마표 콘텐츠 영어의 첫 단계다.

많은 부모가 영어 그림책을 단순히 아이가 글자를 깨치는 데에만 활용하고 있지만, 사실은 맥락에 따른 소리 듣기 경험을 습득하는 기초 작업으로 접근하는 것이 더 옳다.

물론 '해독 능력'은 실제 소통이 가능한 영어를 습득하는 데 가장 기초가 되는 한 축이므로 글자를 읽어내는 능력을 키워주는 연습은 꼭 필요하다. 하지만 무작정 손가락을 짚어가며 아이에게 읽기를 강요해선 안 된다. 우선은 스토리가 간단하고 아이가 좋아하는 책을 입으로 들려주다가, 아이가 충분히 흥미를 갖게 되면 글자를 짚어가며 읽게 해도 늦지 않다.

본격적으로 글자 읽기 연습 단계에 들어서면 많은 부모가 아이에게 '통문자'로 읽기 연습을 시키는데, 처음에는 한 단어 안에서 자주 보이는 음소Phoneme, 즉 소리의 기본 단위를 익히게 하는 작은 도움이 필요하다. 초등학생이 되어 영어를 처음 시작한다면 캐릭터 애니메이션을 보여주는 활동과 더불어 매일 꾸준히 영어 그림책을 읽어주자. 그림책을 읽을 땐 글자(문자)를 손가락으로 짚어주며 소리를 들려주는 방식으로 진행한다. 이렇게 1~2년 정도 지속하면 해독 능력이 저절로 생기게 될 것이다. 연습이 더 필요하다고 생각하면 유튜브 키즈에 올라온 파닉스, 사이트워드 관련 영상을 활용해 아직 잘 읽지 못하는 특정 음소나 음절을 따로 습득시키자.

가령 아이가 이중자음 'sh'라든지 이중모음 'oa' 발음을 매번 틀리게 읽는다면 아이에게 유튜브 검색창에 'phonics sh' 혹은 'phonics oa'를 직접 입력해보라고 권해보자. 이렇게 틈틈이 아이의 능동성을 자극해주면 아이는 앞으로도 무언가를 배울 때 주도적인 태도로 임할 것이다. 이 책에서 소개하는 채널 외에도 유튜브에는 굉장히 많은 콘텐츠가 존재하므로, 아이가 아직 잘 모르는 음소의 철자를 유튜브에서 따로 찾아 아이가 스스로 익힐 수 있는 기회를 만들어주자.

　이때 한 가지 주의할 점이 있다. 늘 재미있는 콘텐츠 위주로 영어를 접해온 아이에게 어느 날 갑자기 파닉스와 사이트워드를 공부하는 영상을 시청하도록 강요하면 거부감을 느낄 수도 있다. 만약 아이가 즐겁게 영상 콘텐츠를 시청하지 않으면 어떻게 해야 할까? 평소 자주 혼동하는 철자만 미리 선별해 해당 철자의 발음을 알려주는 영상의 핵심 내용만 짧게 한두 번 보여줘도 괜찮다. 어차피 영어 그림책이나 리더스북을 평소에 매일 꾸준히 접해온 아이라면 문자 해독 능력은 자연스레 생기기 때문이다.

Alphablocks

구독자: 미표시

영국 BBC의 어린이 채널 CBeebies의 애니메이션 시리즈로, 각 **문자**를 대표하는 캐릭터(블록)들이 매회 새로운 단어를 만들기 위한 모험을 떠난다. 문자의 소리만 밋밋하게 가르치는 것이 아니라, 알파벳 블록들이 펼쳐가는 스토리 속에서 자연스럽게 철자의 이름과 음소를 익히도록 연출되어 매우 유익하다.

Preschool Prep Company

구독자: 40.3만 명

문자 해독 능력을 키울 수 있는 파닉스와 사이트워드는 물론, 초등학교 입학 전에 배워야 할 가장 기초적인 지식(문자, 색, 숫자, 모양 등)을 풍부하게 알려준다. 다루는 범위가 워낙 방대해 현지 교사들도 실제 수업 자료로 활용하고 있다.

Jack Hartmann Kids Music Channel
구독자: 148만 명

유쾌한 아저씨 '잭_{Jack}'이 춤을 추고 노래를 부르며 문자뿐만 아니라 다양한 교과의 기초 개념을 가르쳐준다. 수많은 영상 중에서도 흥겨운 '챈트_{Chant}'(경쾌하고 반복적인 리듬에 맞춰 영어를 공부하는 노래와 말하기의 중간 단계 콘텐츠)로 영어 알파벳 대소문자 쓰는 법을 친절하게 알려주는 'Let's Learn About The Alphabet' 시리즈가 압권이다.

해외 유튜버

아이 스스로 적성과 취향을
찾도록 돕는 나침반 콘텐츠

꾸준한 영어 영상 보기 습관이 형성된 아이들에게는 영미권 크리에이터들의 평범한 브이로그도 훌륭한 콘텐츠가 된다. 어릴 때부터 영상을 통해 해외 유튜버의 일상을 꾸준히 접한다면 나이를 먹으며 한국과 외국의 문화적 차이를 자연스럽게 이해하고 문화적 다양성을 폭넓게 소화하는 능력을 기를 수 있다. 이 단계부터는 아이에게 군이 영어를 가르치겠다고 생각하지 말고 그저 세상의 다양한 모습을 간접 경험시켜 준다는 생각으로 영상을 보여주자. 그러면 아이는 영상에 나오는 수많은 표현을 자기 것으로 만들 것이다.

가족이 함께 등장해요!

HiHo Kids
구독자: 413만 명

아이와 어른이 함께 짝을 지어 출연해 하나의 주제를 갖고 대화를 나눈다. 그 과정에서 서로 오해했던 것이 풀리기도 하고, 새로운 사실을 알고 깜짝 놀라기도 한다. 이 채널의 콘텐츠를 꾸준히 아이에게 보여준다면 다양한 영어 어휘를 익히는 것은 물론이고, 부모가 아닌 다른 어른과 깊이 소통하는 방법을 간접적으로 체험시킬 수 있을 것이다.

추천 영상 —————————————

Crystal Meets a 101 Year Old

101살 할머니와 대화를 나누는 '크리스탈Crystal'의 순수한 모습이 너무 귀엽다. 상대가 100살 가까이 차이 나는 할머니임에도 마치 옆집 친구와 일상의 질문을 주고받듯 거침없이 대화를 나누며 서로 친구가 되어가는 모습이 애틋하다.

Kids Meet a Nurse on the Frontlines of COVID-19

코로나 바이러스 확산 초기에 뉴욕에서 환자를 돌보던 간호사 선생님이 아이들과 영상으로 이야기를 나눈다. 바이러스를 좀비 같은 존재로 생각하는 아이들의 순진한 모습을 함께 감상하다 보면 엄마는 싱긋 미소를 짓게 될 것이고, 아이는 조금씩 들리는 영어가 흥미로워 귀를 기울일 것이다. 시청 후에는 우리 사회의 많은 일상을 바꾸어놓은 코로나 바이러스에 대한 이야기를 나누며 아이의 생각을 키워보자.

Kids Meet a Magician!

이 세상에 마술을 싫어하는 아이가 있을까? 실제 마술사가 아이들과 만나 간단한 마술을 알려준다. 아이들의 귀에 들릴 만한 쉬운 영어만 사용하기 때문에 영어 영상을 처음 접하는 아이도 부담 없이 즐길 수 있다. 듣기 경험이 풍부한 아이라면 영상 속 대화를 따라 말해도 좋다. 부모도 함께 보며 순수한 아이들의 웃음소리로 행복을 만끽하자.

Ryan's World
구독자: 2660만 명

'라이언Ryan' 가족이 일상에서 챌린지, 역할 놀이, 과학 실험, DIY 등 다양한 가족 예능 콘텐츠를 제작해 공유한다. 실제 원어민 가족이 다양한 상황을 연출해 영어로 끊임없이 상황을 설명하기 때문에 아이들이 재밌게 즐길 수 있다. 게다가 부모가 함께 나오는 콘텐츠들은 대체로 유해한 내용이 없으므로 안심하고 보여줄 수 있다. 라이언의 부모는 'The Studio Space'라는 채널을 운영하고 있다.

Art for Kids Hub
구독자: 319만 명

아빠가 아이들과 직접 출연해 그림을 그리는 방법을 알려주거나 미술 관련 활동을 진행한다. 끊임없이 아이와 소통하며 설명해주기 때문에 아이의 듣기 연습에 매우 유익한 영상이다. 채널에 항상 등장하는 아빠 '롭Rob'은 그림을 좋아하는 친구들에게는 진짜 아빠보다 더 좋은 아빠일 수도 있다. 추천 영상은 "How To Draw A Funny Cheeseburger"와 "How To Draw Cartoon Banana" 등이 있다.

JeremyShaferOrigami

구독자: 49.9만 명

종이접기는 수학 도형 개념을 익히는 동시에 아이에게 창의력을 키워주는 최고의 창작 활동이다. 영상을 틀어놓고 그냥 보면서 종이를 접기만 해도 동시에 나오는 말소리를 들으며 영어를 자연스럽게 배울 수 있다. 만약 아이가 종이접기에 실패했다면 당황하지 말고 처음부터 다시 들려주자. 영상 중에서 "The Amazing Fidget Pyramid! Origami"와 "Origami Heart Box"가 특히 흥미롭다.

추천 영상 ─────────────────────

The Amazing Fidget Pyramid! Origami

한 장의 종이로 피라미드를 접는 다섯 가지 방법을 알려준다. 집에 있는 색종이를 들고 와 당장 아이와 도전해보자.

Origami Heart Box

하트 모양의 작은 상자를 만드는 방법을 알려준다. 종이를 오리거나 자르지 않고 오직 접는 것만으로 입체적인 상자를 만드는 과정이 정말 놀랍다.

10-POINTED NINJA STAR!

DOUBLE-SPIKED CLAWS!

BY JEREMY SHAFER

WhatsUpMoms

구독자: 308만 명

아이들과 놀아주는 다양한 방법을 알려주는 부모 교육 채널. 아이가 엄마와 함께 나와 인터뷰를 진행하기도 하고, 놀이와 실험 같은 다양한 활동을 선보이기도 한다. 그중에서도 요리는 아이들이 가장 좋아하는 활동 중 하나다. 주말에 영상을 틀어놓고 가족 모두가 함께 감상한 뒤 똑같이 따라 해보면 즐겁고 행복한 추억을 만들 수 있을 것이다.

추천 영상 ──────────────────────

3 Breakfasts Your Kids Can Cook Themselves

아이가 혼자서 아침 메뉴를 요리한다. 콘텐츠에 등장하는 요리들은 스크램블에그나 바나나팬케이크 등 누구나 손쉽게 시도할 수 있는 것들이니 즐겁게 시청한 뒤 아이와 요리에도 도전해보자.

3 Easy Bug Habitats

아이들이 가장 좋아하는 자연의 소재는 단연 벌레_{Bugs}다. 귀뚜라미와 무당벌레 같은 작은 곤충들을 위해 유리병으로 집을 만들어주는 과정을 담고 있다. 아이는 영상을 시청하며 'habitat(서식지)',

'container(용기)', 'magnifying glass(돋보기)' 등의 단어를 자연스럽게

익힐 될 것이다.

Rosanna Pansino

구독자: 1250만 명

키즈 콘텐츠 크리에이터인 두 자매가 나와 재미난 활동을 소개한다. DIY, 요리, 일상 예능 등 생생한 미국 문화를 이해할 수 있는 콘텐츠가 가득하다. 영상에 나오는 모든 말을 알아듣지 못해도 두 자매의 행동만으로도 아이의 시선을 쉽게 붙잡아둘 수 있다. 엄마표 영어 초반에 아이의 흥미를 끄는 영상 콘텐츠로 적절히 활용하자.

추천 영상

PIZZA CHALLENGE

각종 음식 재료를 번호가 적힌 봉투에 나눠 담은 뒤 순서대로 번호를 뽑아 봉투 속 재료로 피자를 만들어 먹어보는 자매 간의 복불복 대결을 다뤘다. 아이들이 좋아하는 소재인 '음식'과 '복불복 게임'이 결합된 정말 흥미진진한 콘텐츠다.

DIY MOTHERS DAY GIFT IDEAS

우리나라에는 어버이날이 있지만 미국에는 'Mother's Day'가 있다. 이날은 자녀들이 어머니를 위해 직접 요리도 하고 선물을 준비하기도 한다. 이 콘텐츠는 그중에서도 DIY 방식으로 세상에 하나뿐인 선물을 만드는 과정을 담았다. 평소 예쁜 소품 만들기나 요리를 좋아하는 아이에게 최고의 콘텐츠가 될 것이다.

Come Play With Me
구독자: 845만 명

장난감 놀이를 좋아하는 아이들을 위한 채널이다. 아이가 영어 말하기를 좋아한다면 이 영상을 보여준 뒤 집에 있는 인형으로 소꿉놀이를 해보자. 교습소에서 아이들을 가르칠 때 우리 집에 있는 인형을 교습소로 가져가 아이들에게 영어 말하기 미션을 내준 적이 있다. 아이들은 금세 인형을 움직이며 자기들끼리 대사를 만들어 소꿉놀이에 열중했다. 집에서도 이렇게 가족과 자주 소꿉놀이를 한 아이들은 밖에 나가서 자기도 모르게 입에서 영어가 툭 튀어나올 것이다.

LAB 360
구독자: 49.7만 명

바다별에듀TV에서도 한번 소개한 적이 있는 과학 채널이다. 원래 이름은 'HooplaKIdz Lab'이었다가 지금의 이름으로 변경되었다. 다채로운 과학 실험을 다루는 과정에서 자연스럽게 각종 실험 준비물과 과학에서 쓰이는 다양한 단위의 영어 표현을 공부할 수 있다. 다른 무엇보다 어른이 봐도 신기한 실험 장면을 통해 아이 마음속에 과학 크리에이터의 꿈을 키워줄지도 모른다.

Blippi

구독자: 968만 명

키즈 유튜버 '블리피Blippi'가 다양한 장소에 방문해 아이들의 호기심을 해결해준다. '제빵사는 무슨 일을 할까?', '트럭은 어떻게 작동할까?', '동물원의 동물들은 어떻게 살까?' 등 워낙 방대한 주제를 다루고 있기 때문에 아이의 관심사에 맞춰 가장 흥미로운 콘텐츠를 택해 보여줄 수 있다.

Moriah Elizabeth

구독자: 553만 명

만들기, 칠하기, 꾸미기 등 손으로 하는 활동을 좋아하는 초등 고학년 이상의 아이들에게 딱 어울리는 채널이다. 마치 동네 언니와 수다를 떠는 기분으로 '모리아Moriah'의 영상을 보여주자. 1~2년 이상 꾸준히 영어 영상을 일상에서 즐긴 아이라면 콘텐츠 속 활동을 충분히 따라 할 수 있을 것이다.

영어의 정수를 가르치고 싶다면

TED, BBC Learning English

TED

세상에서 가장 가치 있는 18분

이미 많은 사람이 TED 채널을 통해 생생한 고급 영어 어휘를 공부하고 있다. 국내의 강연 전문 채널 '세상을 바꾸는 시간 15분(세바시)'의 모티브가 된 이 세계적인 채널의 다양한 콘텐츠를 영어 자막을 켠 채 들으면 웬만한 영어 원서를 읽는 것과 같은 효과를 얻을 수 있기 때문이다.

평소 다양한 분야의 책을 정독해 사고력과 비판력이 뛰어난 아이라면 TED 강연을 활용해 영어 공부를 시도해봐도 좋다. 물론 아무리 독서량이 많아도 평소 '영어 듣기 노출량'이 턱없이 부족한 아이라면 어려워할 수 있으니 억지로 강요해선 안 된다. 이번에도 가장 중요한 것은 역시 '아이의 흥미'다. 아무리 뛰어난 연사가 나와 훌륭한 메시지를 전해도 아이가 관심이 없는 주제라면 아무런 도움이 되지 않을 것이다. 그러니 여러 콘텐츠를 두루 둘러보고 아이가 가장 적극적으로 반응할 만한 콘텐츠를 찾아보자.

BBC Learning English
미디어 영어 공부의 최고봉

영국 공영 방송국 BBC가 운영하는 유튜브 채널로, 방송국 공식 홈페이지에 있는 수많은 콘텐츠를 올려놨다. 정돈된 스크립트가 필요하면 'BBC Learning English' 공식 홈페이지에서 검색해 출력하면 된다. 오디오 파일도 내려받을 수 있다. 이 콘텐츠들은 적어도 엄마표 영어를 꾸준히 2년 이상 지속한 아이에게 추천한다.

The English We Speak: 두 사람이 나와 서로 짤막한 이야기를 주고받으며 일상에서 많이 쓰이는 다양한 관용적 표현을 가르쳐준다. 현지인들이 실제로 사용하는 살아 있는 영어를 배울 수 있으며, 텍스트와 어울리는 사진 자료를 교차해 보여주므로 아이들이 좀 더 수월하게 내용을 따라갈 수 있다.

6minute English: 두 명의 진행자가 6분간 각종 사회문제에 대해 폭넓게 대화한다. 일상적인 주제를 다루지 않고 특정 이슈에 관한 전문적인 이야기가 오가기 때문에 깊이 있는 영어 어휘를 많이 배울 수 있다. 기본적인 회화 실력과 논픽션 어휘력을 모두 챙길 수 있는 매우 훌륭한 콘텐츠다.

영어를 통으로 씹어 먹는
강렬한 명대사의 향연

큰아이와 영어를 즐기며 배운 생생한 표현들을 교습소와 공부방 아이들에게도 가르쳐주고 싶었다. 그래서 교재를 사용하지 않고, 유튜브에서 영화나 애니메이션을 편집한 클립 영상을 찾아 해당 장면의 영어 대사를 따로 정리해 나만의 공부 자료를 만들었다. 수업을 시작하기 전에 아이들과 영상을 시청하며 대사를 받아 쓰게 했고, 문장 속 일부를 빈칸으로 둬 퀴즈처럼 풀 수 있게 정리했다. 자료를 만들기 위해 영어 대사를 반복해 집중적으로 듣다 보니 자연스레 영어로 듣고 말하는 연습이 되었다. 아이뿐 아니라 어른도 콘텐츠를 꾸준히 시청하는 것만으로 영어 회화 능력을 향상시킬 수 있다는 사실을 새삼 깨달았다.

아이가 재미있게 본 영화가 있다면 평소에 틈틈이 유튜브에서 주요 장면을 편집한 클립 영상을 찾아 틀어줘보자. 2~3분밖에 안 되는 영상일지라도 아이 귀에 선명하게 꽂히는 영어 대사는 늘 존재한다. 그 대사를 반복해서 들은 아이는 어느새 대사를 멋지게 흉내 내려고 노력할 것이다.

이처럼 원어민의 소리에 집중해 뜻을 떠올려 마치 그림자처럼 따라 말하는 학습법을 '섀도잉Shadowing'이라 한다. 발음, 억양, 강세 연습에서 빼놓을 수 없는 중요한 영어 연습 방법이다. 섀도잉을 충분히 하면 나중에 책을 소리 내어 읽을 때에도 좀 더 유창하게 낭독할 수 있다. 마땅한 영화 클립을 찾지 못하겠다면 영화의 핵심 내용이 잘 요약된 예고편을 보여줘도 좋다.

Disney Channel
구독자 513만 명

디즈니의 방대한 애니메이션 콘텐츠의 주요 장면을 볼 수 있다. 주요 부분만 편집한 영상이 풍부한데, 시간이 없을 때 잠시 쉬면서 아이에게 보여주면 딱 좋다. 최근엔 디즈니에서 직접 제작한 키즈 예능 콘텐츠도 많아서 아이들의 눈을 사로잡기에 충분하다.

Walt Disney Animation Studios

구독자 439만 명

디즈니 애니메이션 속 다양한 캐릭터의 드로잉_{Drawing} 영상을 볼 수 있다. 캐릭터 디자이너가 직접 등장해 애니메이션 주인공을 그리는 과정을 설명하기 때문에 아이들이 특히 더 좋아한다. 작품을 제작하는 전체 과정을 보여주는 영상, 목소리를 연기한 성우들의 인터뷰 영상, 곧 개봉할 애니메이션의 예고편 등 흥미로운 콘텐츠가 가득하다. 「겨울왕국_{Frozen}」, 「모아나_{Moana}」, 「주토피아_{Zootopia}」 등 유명 디즈니 애니메이션의 노래를 신나게 즐겨보자.

추천 영상

Into the Unknown:

Making Frozen 2 | Official Trailer | Disney+

엄청난 흥행을 거둔 애니메이션 「겨울왕국」의 제작 과정에 대해 분야별 전문 스태프와 성우가 생생하게 설명해준다. 애니메이션 제작에 참여한 모든 사람의 숨겨진 노고가 담겨 있어 감동을 자아내기까지 한다. 애니메이션을 재미있게 본 아이라면 분명 뜨거운 관심을 보일 것이다.

"You're Welcome" Clip - Moana

디즈니 애니메이션 「모아나」의 두 주역 중 한 명인 '마우이_{Maui}'가 부른 오리지널 사운드 트랙. 비록 영상 길이는 짧지만 마우이의 몸동작이 워낙 강렬해 아이 머릿속에서 쉽게 잊히지 않을 것이다. 듣기만 해도 흥이 절로 나는 이 영상을 감상하며 아이와 신나게 노래를 불러보자.

Movieclips

구독자 4420만 명

수많은 영화의 주요 장면을 편집한 영상이 가득하다. 평소 아이가 좋아하는 영화의 이름을 검색하면 늘 만나게 되는 채널이다. 웬만한 영화 콘텐츠는 다 있으니 평소 미리 검색해두고 아이가 가장 좋아할 만한 클립을 틀어주자.

추천 영상

Shrek (2001) - Do You Know the Muffin Man? Scene (2/10)

애니메이션 「슈렉Shrek」의 한 장면을 담았다. 영화 속 악당이 '진저브레드맨Gingerbread Man'을 고문한다. 진저브레드맨은 전래동화에도 나오는 유명한 캐릭터로, 악당은 그의 말투를 흉내까지 내가며 괴롭힌다. 진저브레드맨을 아는 아이라면 악당의 대사를 신나게 따라 말할 것이다. "Run! Run! Run! As fast as you can."(도망쳐! 할 수 있는 한 빨리 달려!) "You can't catch me, I'm the Gingerbread Man."(날 잡을 수 없을걸? 난 진저브레드맨이야!) "You are a monster!"(당신은 괴물이야!) "I'm not the monster here, you are. You and the rest of that fairy tale trash poisoning my perfect world."(괴물은 내가 아니라 너지. 내 완벽한 세상을 망치고 있는 너희 동화 나라 쓰레기들!)

Coraline's Other Parents (2009) HD

국내에 2009년에 개봉된 팀 버튼 감독의 애니메이션 「코렐라인: 비밀의 문」의 주요 장면을 편집한 영상. 집 안에서 우연히 발견한 비밀의 문을 열었더니 엄마가 요리를 하고 있다. 그런데 엄마의 눈이 있어야 할 자리에 단추가 박혀 있다! 과연 이 집에는 어떤 비밀이 숨어 있는 걸까? 귀에 쏙쏙 박히는 캐릭터들의 대사가 가득해 아이와 말하기 연습을 하기에 제격인 콘텐츠다.

영어 자막 활용,
'LLY'로 끝내세요!

프로그램 설치 URL

유튜브는 기본적으로 자막 기능을 제공하지만, 화면 안에서만 볼수밖에 없어서 자막 내용 전체를 한꺼번에 보거나 따로 출력하는게 불가능하다. 하지만 'Language Learning with Youtube Beta'(이하 LLY)라는 프로그램을 활용하면 영상 속 모든 대화를 마치 책을읽는 것처럼 활용할 수 있고 원하는 내용을 선택해 복사할 수 있다(단, 이 프로그램은 PC에서만 사용할 수 있다).

① 구글 크롬에서 'Language Learning with Youtube Beta'를 검색해 설치 페이지에 접속한다. 설치 페이지에서 'Chrome에 추가' 버튼을 클릭한다. 작은 창이 뜨면 '확장 프로그램 추가'를 누른다.

② LLY 프로그램이 설치된 상태에서 다시 유튜브에 접속하면 자동으로 화면 우측에 자막 목록이 생성된다. 해당 유튜브 영상이 영어 자막을 지원한다면 해당 영상과 동일한 자막이 스크립트 형식으로 우측에 노출되며, 영어 자막을 지원하지 않는다면 자동 생성된 영어 자막이 노출된다.

③ 이때 영상 속 음성에 따라 자동 생성되는 자막에는 오류가 있을 수 있으니 주의한다. 인공지능의 맥락 없는 직역으로 생성되는 한글 자막 역시 아직 매끄럽지 못하다. 자체 자막이 지원된다면 LLY 프로그램을 통해 인쇄나 사전 기능을 활용할 수 있다. 그뿐만 아니라 구간 반복 기능을 활용해 문장마다 반복

적으로 섀도잉할 수 있기에 유튜브로 영어를 익히는 최고의
보조 도구가 될 수 있다.

④ LLY 프로그램의 기능은 다음과 같다. 유료 버전(Pro)을 사용하
면 '자막 저장' 등 좀 더 다양한 기능을 활용할 수 있다.

– 해당 자막을 클릭하면 영상에서 해당 자막이 나오는 시점으로 이동 가능

– 스크립트 내 영문 자막의 특정 단어에 커서를 갖다 대면 자동으로 한국어 뜻이 표시

– 스크립트 내 영문 자막을 드래그해 복사(붙여넣기)

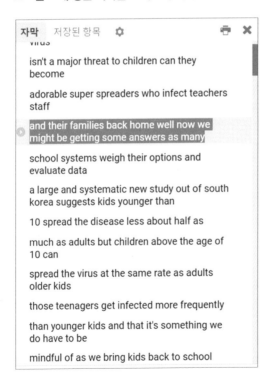

– 해당 영상의 모든 자막 내용을 출력

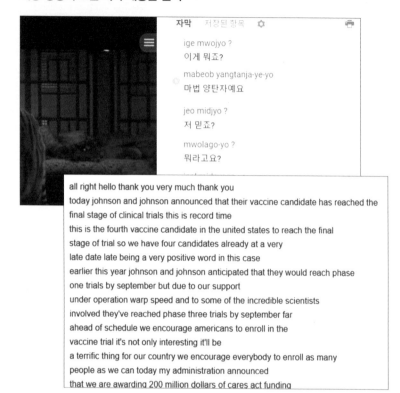

⑤ 영어 자막을 드래그해 복사(붙여넣기)할 수 있는 기능을 활용
해, 인상적이거나 중요한 자막을 따로 모아 종이에 출력한 다
음 읽기 공부를 할 수도 있다. 우선 유튜브 콘텐츠를 통해 아이
가 일상 영어에 익숙해지게 한 뒤, 아이가 특히 흥미를 느끼는
부분이 있다면 아이의 동의를 구한 뒤 해당 영상에서 핵심적
인 문장(자막)만 LLY 프로그램으로 추출해 읽기 자료로 활용
해보자.

영미 문화와 친해지는
가장 빠른 방법

진짜 영어는 활자 바깥에 있다

해외 유명 셀럽의 인터뷰는 아이가 해외의 최신 문화 트렌드를 자연스럽게 즐기면서 영어를 실제적인 언어로 받아들이는 훌륭한 통로가 될 수 있다.

2019년 디즈니 영화 「알라딘Aladdin」이 개봉해 큰 화제를 모았다. 영화에 등장한 캐릭터 중 가장 인기가 많았던 인물은 강인한 여성 군주로 나오는 자스민이었다. 아이들에게 자스민 역을 연기한 배우 나오미 스콧Naomi Scott을 소개해주고자 유튜브에서 관련 영상을 찾았다. 요즘에는 영화 제작사들이 홍보의 많은 부분을 유튜브에 의존하고 있기 때문에 영화와 관련한 자료가 텔레비전이나 공식 홈페이지보다 유튜브에 훨씬 더 많이 올라와 있다. 영화 속에서는 볼 수 없었던 좋아하는 배우의 브이로그나 미공개 NG 장면 등도 쉽게 찾아볼 수 있다. 이런 콘텐츠들은 초등학교 3~4학년 이상만 되어도 충분히 소화할 수 있다. 그중에서도 인터뷰 영상은 현지인들의 대화 매너를 어깨너머로 배울 수 있는 콘텐츠다. 영화의 숨은 매력을 알리고자 만든 영상이므로 본편에는 담기지 않은 색다른 재미도 찾을 수 있다.

「알라딘」의 주연 배우 나오미 스콧과 메나 마수드Mena Massoud가 서로를 인터뷰한 콘텐츠를 유튜브에서 찾아 교습소 아이들에게 보여주었다. 아이들과 함께 영상을 본 뒤 이렇게 퀴즈를 냈다.

"이 인터뷰 영상에서 말이야, 자스민 공주(나오미 스콧)가 알라딘(메나 마수드)에게 처음에 퀴즈를 하나 냈는데 그게 뭐였지?"

집에서 아이에게 이런 질문을 던지면 바로 대답할 수도 있지만, 대다수가 기억이 잘 나지 않거나 모른다고 답할 것이다. 그러면 아이와 영상을 다시 본 뒤 아이 입에서 답이 나오도록 유도해보자. 엄마가 먼저 섀도잉을 하면서 아이가 입을 열도록 도와주자. 정답은 이것이다.

I'm gonna start with a trivial question. Fill in the blank on this lyric from A Whole New World. It's a song from the movie Aladdin. (제가 이제 별거 아닌 질문을 하나 할 거예요. 다음은 영화 「알라딘」의 주제곡 '아주 새로운 세계Whole New World' 노래의 가사인데 빈칸에 들어갈 말을 한번 맞혀보세요.)

내친김에 나오미 스콧이 낸 가사 문제를 아이와 풀어보자.

[Quiz 1]
Unbelievable sights, indescribable feeling _____ ___ through an endless diamond sky. (믿을 수 없는 광경, 형언할 수 없는 감정, 끝없는 펼쳐진 다이아몬드 같은 하늘을 _____)

정답: soaring, tumbling, freewheeling (솟아올랐다가, 휙 굴러떨어지고, 또 자유로이 날아다니며.)

가사 문제를 다 풀었다면 다음 퀴즈도 풀어보자. 이번엔 영화 속 대사의 빈칸을 채우는 퀴즈다. 영화를 진정으로 재미있게 본 아이라면 신이 나서 퀴즈를 풀 것이다.

[Quiz 2]

How dare you, all of you standing around deciding my
future. _____ (어떻게 감히, 당신들 모
두 내 앞날을 함부로 결정하다니! 나는 _____)

정답: I am not a prize to be won! (나는 누군가에게 수여되는 상 따위는 결코 아니라고!)

마지막 퀴즈는 주관식이다. 영화를 몰입해서 봤던 아이는 한두
개 정도는 바로 말할 것이다. 혹은 얼핏 기억은 나지만 말로 잘 표
현이 안 되어서 머뭇거리는 아이도 있을 것이다. 그럴 땐 아이에
게 영화의 해당 장면을 다시 보자고 제안해보자. 승부욕이 발동한
아이는 부모의 제안에 흔쾌히 동의하며 정답을 맞히려 할 것이다.

[Quiz 3]

What are the three things Gennie cannot do when granting
wishes? (지니가 이뤄줄 수 없는 세 가지는 무엇이었나요?)

_____

_____

_____

정답: He can't bring people back from the dead. (죽은 사람을 살리지는 못한다.)
He can't make two people fall in love with each other. (두 사람을 서로 사랑에 빠지게 하지는 못한다.)
He can't kill anyone. (사람을 죽이지는 못한다.)

아이에게 드넓은 세상을 선물하자

딸아이가 어린 시절 즐겨 봤던 영화 「사운드 오브 뮤직The Sound Of Music」을 교습소 아이들에게 보여주며 영화에 나오는 노래들을 가르친 적이 있었다. 그런데 의외로 하나같이 넋을 잃고 영화에 푹 빠져 감상하는 것이 아닌가. 부모님 세대가 태어나기도 전에 만들어진 영화인데도 이토록 재미있게 보다니! 실로 대단한 영화라는 생각이 들었다. 그때 확신했다. 콘텐츠의 힘이 확실하다면 아무리 오래된 영화나 드라마일지라도 아이들에게 통한다는 것을.

내친김에 「사운드 오브 뮤직」에 출연한 배우들이 수십 년이 지나 노인이 되어 출연한 어느 토크쇼 영상도 보여줬다. 사실 이런 토크쇼 콘텐츠는 성인이 봐도 소화하기 힘들 정도로 구사하는 어휘량이 많고 출연자들의 말도 상당히 빠르다. 그러나 평소 애니메이션 등 영상 콘텐츠를 꾸준히 시청해온 아이라면 거부감을 갖지 않고 충분히 맥락을 따라갈 수 있으리라 생각했다. 설사 내용을 알아듣지 못하더라도 좋아하는 배우들의 뒷이야기를 듣는 것 자체가 영미권 문화에 대한 호기심과 흥미를 높이는 결정적 계기가 될 것이라고 기대했다.

아이가 좋아하는 셀럽의 브이로그 콘텐츠나 해당 채널의 커뮤니티에 용기 내어 직접 댓글을 달아보게 하는 것도 좋다. 아이는 외국인들과의 대화에 직접 참여하며 더 넓은 세상의 일원이 되었다는 자존감을 가슴 깊이 새길 것이다.

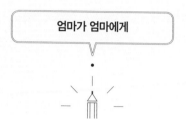

"아이가 둘인데
유튜브 취향이 너무 달라요"

다둥맘입니다. 얼마 전부터 유튜브 콘텐츠를 활용해 엄마표 영어를 시작했습니다. 처음엔 시키지 않아도 잘 보다가, 최근 두 아이가 서로 좋아하는 영상이 달라 다투는 일이 벌어졌습니다. 한 명이 양보하고 그냥 볼 때도 있지만, 금세 나머지 한 명이 지루해하거나 집중을 못 합니다. 어떡하죠?

한 명을 키우기도 어려운데 여러 아이를 함께 돌보느라 얼마나 고생이 많으세요. 진심으로 존경하고 응원한다는 말씀을 먼저 전하고 싶습니다. 저 역시도 다섯 살 터울의 두 아이를 키우고 있습니다. 한 배에서 나온 두 아이가 서로 얼마나 다른지, 정말 외동아이 두 명을 키우는 기분이었어요. 좋아하는 것도 너무 달라 커갈수록 같은 영화를 함께 즐긴 기억이 가물거릴 정도입니다. 같은 성별이었으면 좀 달랐을까 싶은 마음이 들 때도 있었지요.

아이들이 서로 다르다는 것은 너무나 당연한 사실이지만 부모들은 이것을 쉽게 잊어버릴 때가 많아요. 매일 이어지는 엄마표 영어의 일상을 한 번에 끝내고 싶은 마음이 얼마나 클지 이해가 갑니다만, 아이 각자의 인생을 한 그릇에 담을 수 없다는 것을 생각하면 그런 마음을 조금 내려놓을 수 있지 않을까 합니다. 형제가 몇 명이든 아이에게는 자기만의 세상이 있습니다.

학교에서 시키는 대로 공부만 했는데, 집에서까지 자기가 좋아하는 영상을 보지 못하고 부모가 정해준 영상만 봐야 한다면 너무 가혹하지 않을까요? 엄마표 콘텐츠 영어의 핵심은 세상에 단 하나뿐인 아이가 진정으로 좋아하는 콘텐츠를 찾아 스스로 즐기도록 도와주는 것입니다. 따라서 아무리 한 가정에서 나고 자란 아이들일지라도 모두 꼭 같은 취미를 갖게 할 필요는 없습니다.

그냥 한 달 치 학원비라 생각하고, 큰아이에게 따로 영어 영상 콘텐츠 재생 기기를 마련해주면 어떨까요? 어떤 콘텐츠를 어떻게 볼지 아이와 미리 충분히 상의한 뒤 '이제 너만의 영어 세상을 만들어보렴' 하고 아이를 믿고 맡겨주세요. 아이는 분명 주인 의식을 갖고 기대에 부응할 것입니다. 특히 자아 개념이 왕성하게 발달하는 아동기에는 자신이 정말 좋아하는 것을 스스로 탐색하고 찾아가는 기회를 충분히 누리는 것이 매우 중요합니다. 만약 아이 손에 전용 기기를 들려주는 것이 정 불안하다면 시간과 장소를 정해 개인별 시청 시간을 관리해주는 것도 좋은 방법입니다.

PART 3

아이가 꿈속에서
영어로 말하는
1일 1영상 보기의 기적

"엄마,
영어 유튜브 보여주세요!"

심화편

전방위 콘텐츠로 영어 가지고 놀기

✦

It's not only children who grow. Parents do too.
성장하는 것은 아이만이 아니다. 부모도 성장한다.
- 조이스 메이나드

영상 콘텐츠와 활자 콘텐츠의
컬래버레이션

'장면'으로 배운 영어 대사는 결코 잊히지 않는다

아이의 영어 읽기 능력을 키우는 가장 좋은 방법은 무엇일까? 당연히 다양한 독서 환경을 만들어줘 아이가 일상에서 책 읽기를 지속하도록 돕는 것이다. 그런데 꼭 책이 아니더라도 읽기 능력을 향상시키는 좋은 방법이 있다.

아이들은 자신이 좋아하는 애니메이션 콘텐츠의 특정 장면을 반복해서 감상하곤 한다. 이럴 땐 아이가 특히 열광하는 장면의 대사 전체를 출력해 옆에서 함께 영상을 보며 특정 대사를 소리 내어 읽어보자고 하자. 시중에 나와 있는 영화 대본 교재를 활용해도 좋다. 이때 축약형 표현이 많은 일상 대화보다는, 전체 상황을 체계적으로 설명해주는 내레이션이나 등장인물 한 명이 일관된 어조로 말하는 연설 장면의 대사를 읽기 연습용 자료로 활용하면 더 좋다. 아이가 특히 좋아하는 애니메이션이나 영화를 이렇게 소분해서 따로 대사를 출력해, 하루에 한 장면씩 아이와 함께 영어 공부를 해보면 어떨까?

매일 읽는 영어책의 양이 부족하다고 느낄 때, 혹은 좀 더 색다른 읽기 공부용 콘텐츠를 찾고 싶을 때 이런 생생한 영상 콘텐츠를 활용해보자. 실감 나는 장면 속으로 금세 푹 빠져들어 다양한 표현을 자연스레 익힐 수 있다.

그렇다면 대사만으로도 아이가 완결성 있게 영어를 공부할 수 있는 영화 영상 콘텐츠는 무엇이 있을까?

첫 번째 콘텐츠는 「미녀와 야수Beauty and the Beast」다. 첫 장면에서 왕자가 야수가 되기까지의 극적인 이야기가 나지막한 내레이션과 함께 재생된다. 이 장면은 본편과 따로 떼어봐도 될 정도로 하나의 짧은 '스토리북'처럼 완결된 이야기를 품고 있다. 게다가 정제된 언어를 사용해 고학년이나 어른이 봐도 배울 것이 많은 좋은 단어가 많다.

두 번째 콘텐츠는 한국에서 2015년에 개봉되어 아이들에게 정말 많은 사랑을 받은 「빅 히어로Big Hero 6」다. 주인공이 자신의 발명품인 '마이크로봇Microbot'을 사람들 앞에서 소개하는 장면이 있는데, 여기서 나오는 대사 역시 공식 발표문처럼 정돈된 언어로 가득해 읽기 연습용으로 제격이다.

세상에 대한 관심을 전방위로 확장시키는
논픽션 영어 콘텐츠

영어 영상 보기와 영어책 읽기가 매일의 일상이 되었다면, 고학년에 들어설 무렵 영어 논픽션 책이나 기사 읽기에 도전하자. 다양한 지문을 통해 수준 높고 정제된 언어 패턴을 두루 맛볼 수 있으며, 제대로 된 글쓰기가 어떤 것인지 스스로 익힐 수 있다. 또한 1~2년 꾸준히 지속하다 보면 다양한 어휘에 대한 경험도 점차 늘어나 중학교와 고등학교 내신, 멀게는 입시까지 대비할 수 있다.

그동안 다양한 콘텐츠로 수업을 해오다 보니 아이들이 특히 흥미로워하는 주제가 무엇인지 자연스럽게 파악하게 되었다. 지진, 화산 폭발, 태풍 등 자연재해나 위인들의 일대기를 다룬 이야기가 가장 인기가 많다. 제2차 세계대전을 배경으로 삼은 이야기도 매우 좋아한다.

과거에 분명히 일어난 일이지만 믿기지 않을 정도로 흥미로운 자연 현상이나 역사 사건에 아이들은 열광한다. 이런 주제를 다룬 우리말 책을 읽힌 뒤 자연스럽게 아이가 관련 영어 콘텐츠를 찾아보게 하는 것도 매우 좋은 방법이다. 그동안 봐온 픽처북이나 챕터북을 잠시 내려놓고 다양한 지식을 다루는 잡지나 신문 혹은 영어책을 골라 아이들이 소화할 만한 분량을 조금씩 정해 일주일에 한두 번 정도 함께 읽어보자. 아이들의 지적 시야가 활짝 열리는 것을 느끼게 될 것이다.

여기서 중요한 한 가지가 있다. 너무 자세한 문법적 설명은 오히려 아이들이 부모와의 학습을 꺼리게 되는 요인이 될 수 있다는 점이다. 따라서 아이가 전체적인 내용을 파악하고 흥미를 느끼는 데에만 우선 집중하자. 부모의 영어 실력이 부족하다면 우리말 해석본을 아이에게 먼저 읽혀도 좋다(해석본이 없다면 아이가 직접 구글이나 파파고에서 검색을 하도록 도와주자). 아이가 논픽션 활자 콘텐츠를 읽을 때 텍스트에 포함된 어휘 중 중요한 단어를 5~10개 정도 뽑아 직접 노트나 칠판에 정리하게 하면 더 좋다. 콘텐츠를 다 소화한 뒤 이 단어들만 따로 한두 번 복습하는 활동을 꾸준히 하면 중학교나 고등학교 시험에서 논픽션 지문을 읽을 때 큰 도움이 될 것이다.

지금 단계에서는 자세한 문법을 가르치는 것보다 아이가 영어로 세상을 읽고 소통하는 감각을 키우도록 돕는 게 우선이다. 영어 문법은 앞으로도 질리도록 배울 테니 벌써부터 진을 뺄 필요는 없다. 만약 아이가 문장을 우리말로 해석하는 기술이 부족해 그 뜻을 곧바로 말하지 못한다고 해도, 꾸준히 콘텐츠를 흡수하다 보면 자연스러운 맥락 안에서 단어와 문장의 패턴이 아이 머릿속에 흔적처럼 남는다. 중학교 입학 전까지 이런 다양한 논픽션 지문을 읽고 들으면서 수준 높은 어휘가 아이 안에 축적되기를 마음 편히 기다리자.

예를 들어 지진에 관한 영어 기사를 읽은 뒤 아이와 유튜브에서 'earthquake'라는 단어를 검색해 비슷한 콘텐츠를 찾아보자. 같은 주제를 다룬 영상이기에 미리 읽은 영어 기사와 겹치는 단어가 많을 것이므로 아이는 이미 배운 영어 어휘를 복습하는 효과를 누릴 수 있다. 물론 영상과 함께 쏟아지는 모든 소리를 다 알아듣지는 못한다. 하지만 이미 한 번 활자로 읽어 드문드문 들리는 영어 단어를 발견하며 아이는 자신감을 얻을 것이다. 부모는 이런 아이의 자신감을 징검다리 삼아 또 다른 논픽션 주제에 흥미를 갖도록 옆에서 도와주면 된다.

자연을 다루는 논픽션뿐만 아니라 역사와 관련한 콘텐츠도 훌륭한 공부 자료다. 흑인 인권 운동가 마틴 루서 킹Martin Luther King의 유명한 워싱턴 광장 연설, 세계 최연소 노벨 평화상 수상자 말랄라 유사프자이Malala Yousafzai와 방탄소년단 리더 RM의 UN 연설 등은 유튜브에서도 쉽게 찾아볼 수 있다. 진정성 있는 연설은 사람의 마음을 움직이는 힘이 있다. 이런 묵직한 감동이 실린 콘텐츠를 보는 것만으로도 아이는 영어 학습뿐만 아니라 더 넓은 세계에서 뛰어놀고 싶다는 강력한 동기를 얻게 될 것이다.

그렇다면 단순히 영어 어휘력을 쌓는 것을 넘어 아이의 마음속에 세상에 대한 지적 욕구를 뜨겁게 불태울 수 있는 콘텐츠는 무엇이 있을까?

자연과학 다큐멘터리

Hungry Polar Bear Ambushes Seal
채널: BBC Earth

자연은 이미 그 자체로 아이에게 더 큰 세계가 있음을 깨닫게 하는 최고의 콘텐츠다. 이 영상은 지구온난화 때문에 삶의 터전을 잃고 굶주림에 빠진 북극곰의 실상을 적나라하게 보여준다. 우리가 누리고 있는 풍족한 세상 너머에 도사리고 있는 심각한 환경 문제를 아이에게 전하고 싶다면 아이와 함께 이 영상을 시청해보자.

Tiger Cubs Swimming For The First Time
채널: BBC Earth

태어나 처음으로 수영을 하는 아기 호랑이들을 카메라에 담았다. 물 앞에서는 갓난아기처럼 잔뜩 움츠린 아기 호랑이들의 모습이 너무나 사랑스럽다. 사육사의 등에 올라 열심히 물장구를 치는 아기 호랑이들의 모습을 몰입해서 보다 보면 다양한 영어 어휘를 자연스레 익히게 될 것이다.

Wild Amazon Documentary HD
채널: National Geographic® (Official)

선명한 HD 화질로 아마존의 생태계를 지근거리에서 감상할 수 있다. 놀랍고 역동적인 화면과 달리 잔잔하게 내용을 소개해주는 성우의 목소리를 따라 'rain forest(열대우림)', 'predator(포식자)', 'behavior(행동 양식)' 등 고급 어휘를 복습하는 자료로 활용해보자. 생태나 환경과 관련한 주제를 좋아하는 아이에게는 아마 최고의 선물이 될 것이다.

ART/ARCHITECTURE: Andy Warhol
채널: The School of Life

위대한 삶을 엿보는 것만으로도 아이는 위대한 삶에 더 가까워진다. 엄마표 콘텐츠 영어(영어 영상 보기와 영어책 읽기)를 3년 이상 꾸준히 반복한 아이라면 인문사회 다큐멘터리를 조금씩 보여주자. 이 영상은 현대 예술의 역사를 새롭게 쓴 종합 예술가 앤디 워홀Andy Warhol의 삶을 다룬 다큐멘터리다. 앤디 워홀 위인전을 읽어본 아이라면 아마 이 영상에 금세 푹 빠질 것이다.

15 Things You Didn't Know About Coco Chanel
채널: Alux.com

시대를 초월해 패션의 아이콘이 된 코코 샤넬Coco Chanel의 이야기 역시 아이들이 특히 재미있어 하는 콘텐츠다. 아이와 함께 이 영상을 본 뒤 코코 샤넬의 15가지 일화 중 가장 흥미로웠던 내용이 무엇인지 물어보자. 아이는 자신이 듣고 이해한 내용을 기억해내려고 끙끙대며 스스로 영어 단어를 찾기 시작할 것이다.

15. SHE DESIGNED HER OWN TOMBSTONE

The Incomparable Malala Yousafzai
채널명: TheEllenShow

총을 든 군인에 맞서 맨손으로 평화를 부르짖은 소녀 말랄라가 2014년 17세의 나이로 노벨 평화상을 수상하자 국내에 관련 도서가 쏟아져 나왔다. 말랄라에 관한 영어 기사나 우리말 책을 접했던 아이라면 미국의 유명 토크쇼에 출연한 말랄라의 모습에 더욱 뜨겁게 반응할 것이다. 아이는 자신이 읽은 책의 주인공이 전하는 생생한 목소리를 들으며 영어에 한 걸음 더 가까워질 것이다.

생생한 삶의 이야기가 가득한
영어 신문 콘텐츠 활용하기

나는 종종 뉴스에서 소개되는 해외 토픽 중 흥미로운 소식이 있을 때면 반드시 유튜브에서 관련 영상을 찾아 아이와 함께 시청한다. 하루는 EBS가 운영하는 영어 교육 전문 채널 'EBSe'에 소개된 어느 잡지에서 재미난 기사를 발견했다.

마니카, 라탄 형제의 만화 작품을 다룬 기사였는데, 방글라데시수도 다카에 본사를 둔 '마니카 앤 라탄Manik n Ratan'의 그래픽 디자이너인 이들은 '평범한 물건everyday objects'을 절묘하게 활용해 그린독특한 만화로 세계인의 사랑을 받고 있는 만화가 형제들이었다 (이들의 작품은 공식 인스타그램 '@maniknratan'에서 확인할 수 있다).

그림을 특히 좋아하는 초등학교 저학년 아이들에게는 무척이나 흥미로운 기사였다. 아이들은 영어로 적힌 이 기사의 핵심 키워드가 무엇인지 생각해 직접 검색창에 입력도 해보고, 영상에 달린 수많은 영어 댓글을 읽어보며 답글을 달기도 했다. 신문 기사와 유튜브 영상을 넘나드는 이 모든 과정이 아이들에게는 영어라는 언어에 대한 문해력을 높이는 수준 높은 학습이 될 수 있다.

이처럼 영어 신문 기사는 영어와 해외 트렌드를 동시에 익히는 좋은 학습 자료다. 세계에서 400만 부 이상 발행되는 대표적인 주니어 매거진 《Time For Kids》는 여러 나라의 모험적인 인물들의 사례가 자주 소개된다. 평범한 스토리북에서는 볼 수 없던 생생한 삶의 이야기가 가득해 수준 높은 어휘들을 익힐 수 있다. 기사를 다 읽은 뒤에는 해당 기사에 나온 중요한 어휘나 고유명사 등을 유튜브에 직접 검색하게 해 아이 스스로 지식과 정보를 찾도록 유도하면 좋다. 공부가 지루해져 집중력이 약해질 때마다 이렇게 해외 기사와 유튜브 영상 콘텐츠를 활용해 아이의 재미와 흥미를 붙잡아둘 수 있다.

교과서 밖 살아 있는 이야기를 통해 영어를 공부한 아이들은 이후 초등학교 고학년이 되거나 중학교에 올라가서도 영어에 대한 흥미를 잃지 않고 꾸준히 공부한다. 교습소 등에서 내가 가르친 아이들 역시 초등학교 때 별다른 문법 수업을 받지 않았음에도 모의고사에서 1등급을 받는 등 높은 성적을 받았다. 나는 이때 초등학생 때 접한 영어의 스펙트럼이 얼마나 깊고 넓은지가 이후의 영어 학습 능력에 얼마나 큰 영향을 미치는지 여실히 깨달았다. 학원에서 억지로 영어 단어를 100개씩 외우는 것보다, 일주일에 한두 번 영어로 된 기사를 읽고 스스로 관련 내용을 유튜브에서 찾아 공부하는 경험을 축적하는 것이 시간과 비용 그리고 영어 습득 효과 면에서 훨씬 더 가성비 있는 방법이 아닐까?

아래는 아이들과 함께 공부할 수 있는 영어 신문 사이트를 정리한 것이다.

매체명	홈페이지 주소
The Kpop Herald	kpopherald.com
EBS English	ebse.co.kr/apps/online/paper.do
NE Times	netimes.co.kr
Time For Kids	timeforkids.com
Breaking News English	breakingnewsenglish.com

'듣기'와 '읽기'를 넘어 '말하기'로!

좀 더 일찍 시작했으면 좋았을 텐데

우리는 왜 아이에게 영어를 공부시키는 걸까? 영어로 된 글을 줄 줄 읽어낼 수 있는 능력을 길러주려고? 아니면 더 좋은 대학에 보내려고?

아마 대다수의 부모가 궁극적으로 꿈꾸는 것은 아이의 '영어 말하기 능력'일 것이다. 처음 보는 외국인과 만나도 당당하고 자유롭게 대화를 나눌 수 있는 '소통 능력' 말이다. 그렇다면 소통이란 무엇일까? 상대의 말을 잘 들어 그 생각을 제대로 이해하고, 마찬가지로 나의 생각을 유연한 언어로 표현해 상대에게 전하는 능력일 것이다.

학교에서 나눠 준 영어 대본을 토씨 하나 빼먹지 않고 암기해 아주 유창하게 말하는 아이들을 본 적이 있다. 영어 말하기 대회를 준비하는 아이들이었다. 분명 뛰어난 발음이었지만 한편으론 누군가 대필해준 글을 그저 달달 암기하는 모습이 안타까웠다. 조금 덜 유창하더라도 자기만의 생각이 담긴 글을 직접 적어 연습했다면 좋았을 텐데 말이다. 하지만 여전히 학교에서는 아이가 주어진 문장을 얼마나 정확하게 암기하고 발음하는지를 기준 삼아 수상자를 가린다.

겉으로 드러나는 것이 전부가 아니다. 작은 생각일지라도 아이 스스로 자꾸 생각하고 말하도록 이끄는 것이 교육의 진짜 목적이다.

"선생님, 저 이번에 영어 말하기 대회에 나가는데 제가 말하는 것 좀 봐주세요."

(시연 후)

"정말 잘하는구나. 그런데 네 생각을 먼저 써보면 어때? 그동안 영화도 많이 봤고 책도 많이 읽었잖니. 글짓기도 잘하니 이참에 한번 시도해보면 좋을 텐데."

"그럴까요? 그럼 이번 대회만 끝나면 써볼게요. 그런데 무엇을 써야 할까요?"

아이 입에서 영어가 나오지 않아 걱정하는 부모가 많다. 아이의 영어 말하기 실력을 높이려면 일단 '말할 거리'를 만들어줘야 한다. 아이가 아무리 문법에 능통하고 발음이 뛰어나도 정작 말하고 싶은 '콘텐츠'가 없다면 무슨 의미가 있을까. 그리고 이 콘텐츠를 아이 몸 안에 쌓으려면 사회와 문화에 대한 폭넓은 공부와 경험이 필요하다. 남이 느낀 것을 그대로 베껴 쓴 '가짜 지식'이 아니라 본인이 직접 느끼고 소화한 '진짜 지식' 말이다. 왜냐하면 스스로 느끼고 생각하는 아이만이 그것을 어떻게든 표현하려고 애쓰기 때문이다. 이런 표현력은 다양한 사람을 만나고 여러 활동을 하며 자연스럽게 쌓을 수 있다.

하지만 아이들은 아직 인간관계의 폭이 좁아 내면에 다채로운 콘텐츠를 쌓을 기회가 많지 않다. 따라서 책과 영화 등 다양한 콘텐츠를 통해 아이에게 끊임없이 '말할 거리'를 던져줘야 한다. 드라마를 통해 친구들과 소통하는 방법을 배우고, 영화를 통해 누군가에게 기분 좋게 부탁하는 방법을 배우고, 애니메이션 속 주인공의 삶을 따라가며 성공의 정의를 스스로 생각하게 해보자.

아이 입에서 영어가 술술 나오는 3단계 연습법

이제 '듣기'와 '읽기'를 넘어 아이의 '말하기' 실력을 일취월장하게 만들어줄 구체적인 방법을 알아보자. 원어민을 직접 만날 필요 없이 집에서 다양한 영어 영상 콘텐츠를 시청하는 것만으로도 아이 입에서 영어가 술술 나오게 할 수 있다.

하나, 매일 최소 1시간 이상 영어 들려주기

말하기 실력의 근간은 역시 듣기 실력이다. 원어민에 버금갈 정도로 유창한 영어 말하기 실력을 갖추기를 원한다면 영어 회화 학원에 보내 텍스트를 읽는 훈련을 시키기 전에, 대화 전후 맥락을 조망하며 자신이 언제 어떻게 무엇을 말할지 고민하는 경험을 어렸을 때부터 두루 만들어주는 것이 훨씬 더 중요하다. 그러나 대다수의 가정은 부모가 영어로 아이와 끊임없이 소통할 수 있는 환경이 갖추어져 있지 않다. 24시간 내내 아이 곁에 붙어 있을 수도 없다. 따라서 아이들이 관심을 가지고 흥미를 느낄 만한 영어 영상 콘텐츠를 찾아 최소 하루에 1시간 이상 들려주자.

이런 '영어 듣기 환경'을 조성해주려고 아이를 외국에 보내는 가정도 있다. 하지만 굳이 그럴 필요가 있을까? 집에 스마트폰 하나만 있다면 손쉽게 만들어줄 수 있는데 말이다. 조금씩 노출량을 늘리다 보면 아이가 이해할 수 있는 어휘량도 점점 많아질 것이고, 마치 외국인 친구를 만나듯 날마다 두근거리는 마음으로 새로운 영어 영상 콘텐츠를 보여달라고 부모에게 조를 것이다. 그러다 어느 순간 마음속에 있는 말을 겉으로 표현하고 싶은 욕구가 조금씩 싹트기 시작한다. 이것이 영어 말하기의 시작이다.

둘, 영어 들으며 따라 말하기

코미디언이나 배우가 다른 직업에 비해 유독 영어를 아주 잘하는 이유가 무엇일까? 언어 습득의 기본은 '모방'이다. 모방을 잘하는 사람이 외국어도 금세 익힌다. 일상에서 영어 듣기가 충분히 익숙해져 다양한 콘텐츠를 주체적으로 즐기기 시작했다면, 그중에서 아이가 특히 좋아하는 영상이나 음악을 틀어주고 들리는 대로 따라 말하도록 연습시켜 보자.

듣기 경험이 부족한 상태에서 오직 영어 교재나 책을 읽으며 '따라 말하기 연습'(섀도잉)을 한 아이들 중 대다수는 억양, 강세, 연음 등의 처리가 어색하다. 그러나 활자가 아니라 영상이나 음악을 들으며 따라 말하기 연습을 충분히 한 아이들은 발음이 상대적으로 훨씬 더 자연스럽다.

나는 교습소에서 아이들을 가르칠 때 영화의 한 장면을 골라 받아쓰기 자료를 직접 만들곤 했다. 아이들이 특히 좋아하는 영화의 주요 장면을 보여준 뒤 그 장면에 나오는 대사 중 일부를 받아쓰게 한 것이다. 아이들은 두 귀를 쫑긋 세운 채 대사를 듣고 그 내용을 받아 적었으며, 그 과정에서 저절로 섀도잉 연습이 이루어졌다.

아이가 영화 장면의 모든 대사를 다 받아 적지 못하더라도 너무 걱정할 필요는 없다. 반드시 몇몇 대사는 아이의 귀에 선명하게 꽂히기 마련이다. 그 대사를 중심으로 반복해서 섀도잉 연습을 시키다 보면 저절로 다른 대사도 귀에 들어올 것이고, 그러다 보면 어느새 아이가 주요 대사를 술술 따라 말하기 시작할 것이다. 특히 인기 영화의 예고편에는 그 영화에서 가장 박진감 넘치고 재미있는 장면이 집약적으로 담겨 있으므로 짧고 강렬한 문장이 매우 많다. 아이가 이미 시청한 영화의 예고편을 유튜브에서 찾아 다시 보여줘도 좋다. 줄거리를 알고 있기 때문에 대사도 귀에 더 잘 들린다. 아이는 영화를 봤을 때 느꼈던 감정에 금세 이입해 더 적극적으로 따라 말하기 시작할 것이다.

앞서 '4교시'에서 소개한 다양한 유튜브 콘텐츠 중에서 아이의 수준과 취향을 고려해 적절한 영상을 찾아 아이가 자연스럽게 따라 말하도록 유도해보자. 부모가 먼저 시범을 보이면 좋다. 가장 잘 들렸던 대사 문장을 아이 앞에서 억양과 연음까지 흉내 내며 따라 말해보자. 아이도 경쟁하듯 따라 말하기 시작할 것이다. 이렇게 콘텐츠를 보고 들으며 '모방'했던 말하기 경험은 언젠가 아이가 자신의 생각을 영어로 표현해 말할 때 가장 유용한 재료가 될 것이다.

셋, 자기 생각 영어로 쓰기

진정한 영어 말하기 능력은 '쓰기'로 완성된다. 충분한 '듣기' 노출을 통해 아이의 영어 텃밭에 풍성한 씨앗을 뿌린 뒤 아이가 좋아하는 영어 콘텐츠를 집중적으로 따라 말하게 해 기초적인 말하기 능력의 열매를 맺었다면, 이제는 자신의 생각을 직접 글로 표현하는 연습을 통해 그 열매를 수확할 차례다.

생각을 영어로 표현하는 능력은 입으로만 가능한 것이 아니다. 글로 쓰거나 댓글을 다는 것도 생각을 표현하는 중요한 방법 중 하나다. 들리는 대로 흉내를 내며 말했던 섀도잉처럼, 쓰기 연습 역시 처음엔 영어 콘텐츠 속 주요 대사나 내레이션을 그대로 베껴 쓰게 하는 것부터 시작하자. 하지만 단순히 베껴 쓰기만으로 진정한 생각 쓰기 단계에 도달할 수 없다. 간단한 영작을 넘어 자신의 생각을 영어로 자유롭게 적을 수 있는 수준에 이르려면 어떻게 해야 할까?

언젠가 문법과 독해와 암기 위주로만 영어를 공부한 자녀를 둔 지인이 학교에서 내준 영어 독후감 숙제를 교정해달라고 내게 부탁한 적이 있다. 내신 성적이 아주 좋은 성실한 친구였지만, 평소 듣고 읽기의 경험이 거의 없다 보니 우리말로 쓴 문장을 그대로 영어로 옮겨놓은 터라 상당히 어색한 문장이 많았다. 스무 줄 가까이 빼곡하게 적어 온 독후감을 보면서 이 성실한 아이가 얼마나 힘들었을까 싶어 마음이 아팠다. 아이에게 시간이 얼마나 걸렸느냐고 물었더니 꼬박 이틀 동안 썼다고 대답했다.

과연 영어로 스무 줄의 글을 적는 데 이틀이나 걸리는 게 정상일까? 물론 단 하나의 문법 오류 없이 완벽하게 글을 적는다면 그 이상의 시간이 필요할지도 모르겠다. 그러나 지금 단계에서 그런 완벽한 영어 글쓰기를 아이에게 요구할 필요가 있을까?

그러나 평소에 다양한 영어 콘텐츠를 즐겨온 아이들은 자신의 생각을 영어로 적는 데 머뭇거림이 없다. 교습소에서 내가 가르쳤던 제자 중 평소 듣고 읽는 연습이 잘된 한 아이는 외국인 선생님께 줄 편지를 써서 내게 한번 봐달라고 수줍게 가져오기도 했다. 문법 공부를 한 적 없던 큰아이도 자신이 쓰고 싶은 이야기를 영어로 10~20분 만에 뚝딱 쓰곤 했다.

This story starts with a little girl named Coraline lived in an old and large house with her parents. But her mother and father were always busy writting an article about plants. Besides, she didn't have a proper friend to play with. And one day, she found out that there was an other world behind the secret door. And inside the other world, there were her other parents whose eyes were buttons. At first, she thought it was spooky. But, very soon, she began to love her other parents even more than her real parents until she realized that the other mother was an evil witch who had trapped souls of many children. But when she tried to escape from her, the other mother stole her real parents. So Coraline made a deal with her to save them. To get away from the other world she had to find every eyes of ghost children. It was very hard for her because the other mother bothered her constantly. But she could get some help from her friends. And finally, she was able to escape from the other mother and nived happily with her real par

콘텐츠 영어에 몰입한 지 5년 지난 중학교 1학년 아이가 쓴 영어 에세이.

to Arica teacher—

Teacher Arica! I wrote this letter because I wanted to get more friendly with you.

Arica teacher, I think You are very kind, funny and friendly. I never saw you shouting or punishing anyone. I also think that you are very pretty too. I never met someone as kind as you. You are a wonderful teacher.

If you have some time, can you write an answer to me?

초등학교 5학년 아이가 원어민 교사에게 보낼 편지를 영어로 작성했다.
이 아이는 4년 정도 콘텐츠 영어를 지속했다.

간단한 영어 문장 쓰기가 가능해지면 이제 아이에게 평소 자주 보던 해외 유튜브 채널에 댓글을 달아보라고 권해보자. 유튜브 댓글은 한두 문장이면 충분히 소통할 수 있어 진입 장벽이 낮고 부담이 없어 충분한 쓰기 경험이 없는 아이일지라도 쉽게 도전할 수 있다. 게다가 자기가 좋아하는 주제를 다루는 콘텐츠라면 부모가 시키지 않아도 스스로 모르는 단어를 찾아가며 댓글을 달 것이고, 나중에는 자신의 댓글에 달린 댓글에 새로운 댓글을 적으며 자연스레 영어 쓰기를 연습할 것이다. 이렇게 습득한 생생한 쓰기 경험은 마치 해외에서 현지인들과 교류하며 체득한 영어처럼 아이 머릿속에 착 달라붙어 풍성한 어휘력의 뿌리가 될 것이다.

게다가 세계인들과 영어로 소통해본 작은 경험은 아이 마음속에 '영어 자존감'을 심어줘 앞으로 자신의 생각을 영어로 쓰고 말하는 일상의 기반이 될 것이다. 그다음은? 그저 아이의 취향을 사로잡을 예쁜 노트 한 권을 사주면 된다. 이제 부모가 더 해줄 것은 없다. 아이가 기분 좋을 때 슬쩍 글쓰기를 권하는 것만으로 충분하다.

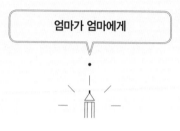

"듣기와 읽기는 되는데
말하기가 통 안 늘어 걱정이에요"

2~3년간 거의 매일 영어 영상을 보여주고 영어책 읽는 습관을 들여 줬어요. 그래서 영어 읽기 능력은 많이 향상된 것 같아요. 그런데 아무리 기다려도 '아웃풋'이 좀처럼 나오지 않아서 너무 걱정이네요. 아이 입에서 영어가 술술 나오는 모습을 어서 보고 싶어요. 언제까지 기다려야 할까요? 그냥 이렇게 기다리기만 해도 될지 너무 불안하고 초조해요. 과연 우리 아이도 다른 아이들처럼 영어로 발표도 하고 외국인과 술술 대화하는 날이 올까요?

말하기는 쓰기와 마찬가지로 엄마표 영어의 종착점이자 꽃입니다. 그런데 현실적으로 우리나라의 공교육에서는 진정한 말하기 능력을 평가하는 시스템이 없어요. 중고등학교의 수행평가는 무늬만 말하기 평가일 뿐 사실상 암기 능력을 평가하는 것과 같기 때문이죠. 아이가 그동안 영어 듣기 및 읽기 경험을 충분히 쌓아왔다면 약간의 의지와 동기만으로도 영어 말하기 능력을 폭발적으로 향상시킬 수 있습니다.

제 큰아이도 엄마표 영어를 처음 시작한 초등학교 2학년 때는 엄마가 읽어주는 책 속의 간단한 영어 문장조차 제대로 따라 말하기를 싫어했습니다. 영상 속 영어 대사를 그대로 따라 말하는 섀도잉도 권해봤지만 그저 내용이 재미있어서 책을 읽고 영화를 보던 아이는 그마저도 아주 귀찮게 여겼습니다. 아이가 싫어하는 활동은 되도록 피하고 싶어 더 이상 강요하지 않고 그저 아이가 꾸준히 영어를 두 귀로 들을 수 있도록만 신경 썼습니다. 그러다 보면 어느 순간 아이 입에서 영어가 튀어나오리라 믿었습니다.

그렇게 시간이 얼마나 흘렀을까요. 아이는 자신이 가장 좋아하던 디즈니 영화들을 시청하며 자기도 모르게 영어 대사를 따라 말하기 시작했습니다. 강렬한 대사가 가득한 극적인 장면에서는 성우보다 먼저 대사를 내뱉으며 앞으로 치고 나갔습니다. 그러다 마침내 엄마표 영어에 몰입한 지 8~9개월이 지나서부터 스스로 소리 내어 따라 읽기를 즐기게 되었죠! 누가 억지로 시킨 것도 아니었고 과제를 내준 것도 아니었습니다. 아이는 지금도 어릴 적 느꼈던 낭독의 즐거움을 들뜬 표정으로 회상하곤 합니다.

물론 반복적인 연습은 필요합니다. 아무리 아이가 잘 듣고 잘 읽어도 의식적으로 무언가를 말하려는 연습을 하지 않으면 아이

입은 쉬이 열리지 않습니다. 섀도잉이나 낭독을 통해 입의 근육을 직접 움직이는 연습뿐만 아니라, 머릿속에 들어 있는 생각을 자꾸 밖으로 표현하는 연습을 해야 하죠.

원어민과 주기적으로 대화할 여건이 갖춰지지 않았다면 영어 회화를 도와주는 각종 애플리케이션만으로도 영어 말하기 훈련을 할 수 있습니다.

그러나 당장 외국인을 만나 대화를 나눠야 하는 상황이 아니라면 어린아이들에게 영어 말하기는 아주 시급한 영역은 아니라고 생각합니다. 외국으로 이민을 가거나 유학을 가지 않는 이상 어차피 아이에겐 영어를 일상적으로 사용할 수 있는 환경이 주어지지 않기 때문이죠. 앞에서 설명해드린 'ESL 환경'과 'EFL 환경'의 개념이 떠오르시나요?

아무리 영어 말하기를 잘한다고 해도 제대로 활용할 기회가 없다면 애써 키운 회화 능력도 금세 거품처럼 사라질 것입니다. 그러니 영어로 무언가를 술술 말하는 능력이 아이에게 지금 당장 꼭 필요한지 깊이 생각해보고 시작하셔도 늦지 않습니다. 아이와 충분히 대화를 나누고 동기를 마련해주는 일이 먼저라고 생각합니다. 불안하고 초조한 마음에 부모 혼자 이리 뛰고 저리 뛰어도 아이가 꼼짝 않고 서 있으면 되레 힘이 빠져 멀리 갈 수 없습니다.

그러니 너무 걱정하지 마세요. 영어 말하기 능력은 오랫동안 꾸준히 영어를 듣고 읽어온 아이라면 언제든 쉽게 습득할 수 있는 영역이니까요. 아이를 의심하지 말고 그저 아이가 좋아하는 영어 콘텐츠를 더 자주 보여주고 들려주세요.

그렇게 차근차근 영어 습관을 만들어가다 보면 결국 아이는 원어민을 만나도 움츠러들지 않고 씩씩하고 자연스럽게 자신의 생각을 영어로 말하는 어른으로 성장할 것입니다. 지금까지 잘해왔던 것처럼 아이를 믿고 기다려주세요.

보충수업

영어를 가르치기 전에
영어를 사랑하는 법부터 알려주자

◆

Those that grow fast wither quickly,

those that grow slowly wither late.

빨리 자라는 것은 빨리 시들고,

느리게 자라는 것은 느리게 시든다.

– 톰 홀랜드

아이와 영어로 사랑을
나눌 수 있는 시간은 고작 1년뿐이다

영어책 읽어주는 것이 부담스러운 부모들에게

이런 질문을 받을 때가 종종 있다. "아이가 영상 콘텐츠만 오래 봐서 영어책은 읽으려고 하지 않아요." 우리말로 된 영상이든, 영어로 된 영상이든 영어책 읽기보다 영상 보기가 아이의 일상에 먼저 자리를 잡으면 아이가 책에 좀처럼 관심을 보이지 않을 수 있다. 한쪽으로 치우친 영어 콘텐츠 간 균형을 맞추려면 아이가 어렸을 때부터 평소 틈틈이 영어책을 읽어주고 들려주는 활동을 병행해야 한다.

하지만 적지 않은 부모가 아이에게 영어책 읽어주는 일을 부담스러워한다. 영어 실력에 대한 자신감 부족은 둘째 치고, 영미 문화의 고유한 감성이 담긴 영어책의 내용을 이해하는 데 애를 먹기 때문이다. 용기를 발휘해 영어책을 읽어준다고 해도 자신의 어설픈 발음이 아이의 영어 습득에 방해가 될까 봐 걱정하기도 한다. 하지만 영어책을 읽어주는 게 어렵고 힘들다고 지레 포기해버리면 아이는 글로만 느낄 수 있는 영어의 깊은 맛을 영영 누리지 못할 것이다.

처음부터 아이에게 정확하고 완벽하게 가르치겠다는 강박에서 벗어나자. 엄마표 영어 초기에는 '탁월함'보다 '꾸준함'이 먼저다. 아이에게 영어책을 꾸준히 읽어주면 아이는 어느새 현지 영어의 느낌이 어떤 것인지 어렴풋하게나마 느낄 것이다. 예전에는 시험만을 위해 억지로 단어를 암기했는데, 이제는 흥미진진한 이야기와 함께 자연스럽게 머릿속에 영어 단어가 입력되니 절로 신이 난다. 게다가 친숙한 부모님의 목소리를 들으니 집중도 더 잘된다.

그리고 부모의 발음 실력은 아이가 처음 영어를 습득하는 데 큰 영향을 주지 않는다. 어차피 영어 영상을 통해 원어민의 영어 발음 소리를 들을 기회가 충분하기 때문에 부모의 발음이 안 좋다고 해서 걱정할 필요는 없다. 아이에게 영어책을 읽어주는 시간은 '이야기'를 매개로 아이와 부모가 사랑을 나누는 시간이다. 부모님이 들려주는 이야기에 푹 빠진 아이는 영어에 대한 행복한 기억을 차곡차곡 쌓아갈 것이고, 그 추억을 떠올리며 영어를 점점 더 사랑하게 될 것이다.

게다가 짧으면 수개월에서 길어야 1~2년이 지나면 영어 영상 콘텐츠나 책에 수록된 자체 음원을 활용한 '집중 듣기' 단계로 넘어가기 때문에, 부모가 아이에게 직접 장시간 영어책을 읽어줄 수 있는 시간은 그리 길지 않다. 딱 1년, 두 번 다시 오지 않을 이 소중한 시간 동안 아이의 귀에 사랑의 숨결을 원 없이 불어넣어 주자.

단, 영어책을 읽어줄 때는 아이에게 문자 하나하나를 다 가르치겠다는 생각으로 접근하지 말고, 이야기 자체에 몰입해 아이와 대화를 나누듯 읽어줘야 한다. 조바심 때문에 자꾸만 뭔가를 가르치려고 하다 보면 아이는 부모와 영어책 읽는 시간을 즐겁고 행복한 순간이 아니라 부모의 기대에 부응해야 하는 부담스러운 시간으로 인식한다.

이렇게 되면 아이는 오히려 영어 영상을 시청하는 데에 더 몰두하게 되고, 결과적으로 엄마표 콘텐츠 영어의 균형은 회복할 수 없을 정도로 무너지고 만다. 부모는 아이의 그런 모습을 지켜보며 불안한 나머지 결국 영어 학원을 알아보기 시작한다. 아이가 영어를 '학습'할 시간은 앞으로도 많다. 중학교와 고등학교 6년 내내 오로지 내신 성적만을 위한 영어 공부를 하게 될지도 모른다. 그러니 우선은 아이가 영어와 친해질 수 있도록 충분히 기다려주자.

영어 학원을 이기는 영어책 읽기 연습

시작은 리더스북이 좋다. 리더스북은 말 그대로 '읽기Reading'를 처음 배우는 아이들에게 제한된 문장 패턴과 어휘를 활용해 '글을 읽고 이해하는 능력'을 기를 수 있도록 도와주는 책이다. 레벨에 따라 문장의 길이와 난도가 나뉘어 있어서 아이 수준에 맞춰 편하게 고를 수 있다.

특히 영어가 낯선 부모라면 직관적으로 이해하기 어려운 은유적 표현과 미국에서 실제 쓰일 법한 날것의 표현이 많은 영어 그림책보다는, 단순하고 명료한 표현이 많은 리더스북을 먼저 읽어주는 것이 부담을 덜 수 있다. 리더스북을 읽어주며 아이와 함께 읽기 능력을 키우고 나면 웬만한 영어 그림책은 그리 어렵지 않게 느낄 것이다. 그런 다음 영어 문장에 담긴 뉘앙스를 추측하며 주거니 받거니 신나게 읽어보자. 영어책 읽어주기의 궁극적인 목표는 언제라도 아이가 홀로 영어책을 읽을 수 있는 '독립적 독자 Independent reader'로 거듭나게 해주는 것이다. 비교적 쉬운 영어 문장이 가득한 리더스북은 아이가 현지의 풍성한 언어적 묘미가 살아 있는 영어 그림책에 쉽게 적응하도록 다리를 놓아줄 것이다. 이때 전반적인 읽기 활동이 '흥미'를 따라 자율적으로 진행될수록 아이가 폭넓은 '영어 독서가'로 성장할 가능성이 더 커진다.

다음 단계는 챕터북이다. 첫째 아이가 어렸을 때 영어 그림책 전집을 사주고 싶었지만 워낙 고가라 단념한 적이 있다. 미안한 마음을 뒤로한 채 집에서 애니메이션 콘텐츠를 함께 보고 들으며 영어 감각을 키워줬고, 조금 이르다 싶었지만 곧장 챕터북 읽기로 넘어갔다. 다행히 아이는 평소 우리말 책을 꾸준히 읽어왔기 때문에 글의 양이 꽤 많은 챕터북도 잘 따라왔다(챕터북은 그림이 거의 없고 저렴한 종이를 쓰기 때문에 상대적으로 가격이 낮다). 만약 집 근처에 영어 도서관이 있다면 적극적으로 활용하자. 아이의 동의를 얻어 영어 도서관 방문을 습관화하면 가장 좋다. 아이는 도서관에서 자신이 직접 고른 영어책을 더욱 애정을 품고 읽을 것이고, 부모는 아이가 책을 탐색하는 과정을 옆에서 지켜보며 좋아하는 콘텐츠가 어떤 것인지 가늠할 수 있다.

챕터북은 영어 소설에 본격적으로 진입하기 전에 가볍게 읽을 수 있는 영어책의 한 종류다. 하지만 만만하게 보아선 안 된다. 챕터북은 그림보다 글의 비중이 훨씬 많아 영어 그림책이나 리더스북보다 이야기 구성이 더 복잡하고 정교하다. 아이가 챕터북 읽기 단계에 안착하면 사실상 엄마표 영어의 첫 번째 목표를 달성했다고 평가해도 괜찮다. 실제로 챕터북을 일상에서 즐기는 아이들은 빠른 속도로 영어 실력이 늘어 금세 소설 읽기 단계로 진입한다.

그렇다고 해서 영어 영상 시청을 소홀히 해선 안 된다. 평소 영어 영상 콘텐츠에 꾸준히 노출되지 않은 아이는 챕터북 읽기 단계에 진입해도 영어에 대한 감각이 폭넓게 개발되지 않아 좀처럼 이야기 속 맥락을 이해하지 못하기도 한다. 게다가 요즘에는 줄글 읽는 것을 매우 힘들어하는 아이가 많아서 아무리 영어 실력이 뛰어날지라도 모국어 독서 경험이 부족하면 챕터북이 버거울 수 있다.

평소 재미난 영어 영상 콘텐츠를 일상적으로 시청한 아이라면 챕터북은 그리 높지 않은 벽이다. 챕터북은 가족과 친구 간 관계 속에서 벌어지는 이야기가 주를 이루므로 이러한 주제를 다루는 영상 콘텐츠를 자주 접해온 아이라면 훨씬 더 쉽게 챕터북을 읽어나갈 수 있다. 머지않아 아이가 영어 소설을 읽을 수준에 도달하면 서평이나 후기 등을 참고해 줄거리를 알려주고 아이가 읽고 싶어 하는 책을 사주자.

매일 밤 아이에게 우리말 책을 읽어줘야 하는 이유

아무리 부모가 바빠도, 혹은 아는 것이 많지 않아도 이것만 있으면 아이는 상상의 나래를 펼치며 세상의 다양한 지혜를 만끽할 수 있다. 바로 책이다. 아이가 아직 '읽기 독립'이 안 되어 있다면 여유를 갖고 아이를 품에 안은 채 우리말 책부터 읽어주자.

아이에게 책을 읽어주는 일은 생각보다 굉장히 많은 시간과 노동을 필요로 하는 일이다. 날마다 시간을 내는 것도 쉽지 않지만, 정성을 다해 또박또박 책을 읽어주는 일은 생각보다 결코 쉽지 않다. 교습소에서 아이들에게 책을 읽어주는 수업을 한 번 하면 몇 시간 쉬지 않고 수업을 한 것처럼 진이 빠진다. 이야기의 분위기를 살리려고 정성을 들여 글을 읽어주면서도, 아이들이 행여 내 목소리를 놓치진 않을까 끊임없이 아이들의 관심을 모으려고 애쓰기 때문이다. 그러니 피곤이 밀려오는 밤마다 아이에게 책을 읽어주는 일은 결코 만만한 일이 아니다.

엄마표 영어를 하며 만난 한 어머니는 두 아이에게 날마다 한 시간씩 우리말 책과 영어책을 읽어준다며 고충을 토로하기도 했다. 취향이 완전히 다른 두 아이에게 매일 여러 권의 책을 따로 읽어주었을 그 어머니의 모습을 생각하니 가슴이 뭉클해졌다. 그렇다고 해서 아이에게 책을 읽어주는 시간이 아깝다고 느끼는 부모는 아무도 없을 것이다. 하지만 때로는 삶이 고단해서, 혹은 도저히 맑은 목소리로 책을 읽어줄 기분이 아니라서, 자칫 자신의 불안한 감정이 아이에게 전해질까 두려워 책을 읽어주기 힘든 날도 있을 것이다.

그럼에도 왜 수많은 부모가 졸린 눈을 비비며 아이를 품에 안고 책을 읽어주려 노력하는 걸까? 책을 읽어주는 행위에는 단순히 지식을 전달하는 목적만 담겨 있는 것이 아니다. 그 시간은 사랑하는 아이와 살을 부비며 부모의 사랑을 전하는 소중한 시간이다. 좋은 글이 부모의 목소리로 아이 귀에 전달되는 그 작은 순간이 모여 아이는 자신이 진정으로 사랑을 받고 있다는 것을 느낀다.

만약 아직 영어에 자신이 없어서 온라인 스토리북이나 유튜브 영상을 통해 아이에게 영어 집중 듣기를 시키고 있다면, 적어도 우리말 책만큼은 아이 손을 잡고 직접 읽어주면 어떨까? 나는 중학생이 된 둘째 아이에게 여전히 책을 읽어준다. 어떤 책이든 가리지 않고 아이의 등을 두드리며 정성껏 낭독을 한다. 입시에 도움이 되는 것도 아니고, 이 한 번의 낭독이 아이의 삶을 극적으로 바꿔놓지도 않겠지만 나는 이 시간을 인생에서 가장 큰 저축을 하듯 아주 소중히 여긴다. 자식이 언젠가 인생에서 큰 어려움을 겪게 될 때 엄마가 읽어주던 지혜의 목소리를 똑똑히 기억하길 바라며 오늘도 아이와의 관계를 저축하는 것이다. 이것이 우리가 매일 밤 아이에게 책을 읽어주어야 할 이유다.

인생에서 가장 중요한 것은
영어가 아니었다

앞서가려는 마음이 아이 영어에 깊은 흉터를 남긴다

한번 생각해보자. 아이와 부모 중 누가 더 영어를 중요하게 생각할까? 아이 스스로 영어의 중요성을 깨닫고 굳은 의지로 공부를 시작하는 가정이 몇이나 될까? 부모가 아무리 영어의 중요성을 설명해도 아이에게 영어는 그저 지겹고 따분한 교과목들 중 하나일 뿐이다.

초보 엄마 시절, 큰아이의 수학 공부를 도와주다가 실수를 한 적이 있다. 문제를 빠르게 풀지 못하는 아이에게 답답함을 느껴 '이렇게 쉬운 것도 못 하느냐'며 짜증을 냈다. 똑똑하다고 믿었던 내 아이가 너무나 쉬운 개념을 곧바로 익히지 못하는 모습에 화가 난 것이다. 지금 생각해보면 얼굴이 화끈거린다. 엄마표 영어를 처음 시작하는 많은 부모가 이와 비슷한 실수를 한다. 큰 기대를 품고 시작했건만 예상과는 달리 정말 얄밉도록 협조해주지 않는 아이를 바라보며 속이 터지는 답답함을 느껴보지 않은 부모가 없을 것이다. 그래서 그들의 실수를 나무랄 수만은 없다.

그러나 부모의 지나친 욕심이 아이 마음에 작은 생채기를 내는 일이 잦아지다 보면 어느새 아이는 영어뿐 아니라 다른 모든 교과목에서 부모의 개입을 회피하고 거부하기 시작한다. 그러다 결국 공부뿐 아니라 삶의 모든 영역에서 부모를 찾기는커녕 도움의 손길조차 뿌리친다.

세상에 둘도 없는 내 자식과의 관계가 고작 영어 때문에 산산이 부서진다면 이보다 더 슬픈 일이 있을까? 이러한 비극을 겪고도 스스로를 성찰하지 않고 모든 문제의 원인을 아이 탓으로 돌리는 부모를 보면 너무나 안타깝다. 부모는 인생의 가장 큰 선물을 잃어버리는 것이고, 아이는 인생에서 가장 든든한 지원군을 잃어버리는 셈이다.

첫째 아이가 성인이 된 후 나와 아이는 종종 어린 시절의 엄마표 영어 경험에 대해 이야기를 나눌 때가 있다.

"혜빈아, 너는 초등학교 다닐 때 어떻게 단어를 공부했더라? 영상 보기랑 책 읽기만 했는데 어떻게 그렇게 쉽게 단어를 익혔지? 영상을 보면 모르는 단어도 많이 나왔을 텐데⋯. 지금 생각해도 신기하다."

"나중에 내가 컴퓨터에서 혼자 막 찾아봤어. 한참 재미있게 보는데 모르는 단어가 계속 나오니까 너무 답답해서 직접 검색해봤지. 주인공이 하는 말이 너무 궁금하니까, 막 알고 싶더라고!"

영어의 바다에서 마음껏 뛰어노는 아이에게 조바심을 내며 진도를 확인하고 성적표를 들이밀었다면 자발적이고 능동적인 공부 습관이 형성되었을까? 나는 아이를 믿었다. 적어도 초등학교에 다닐 때까지는 그저 영어에 대한 넘치는 자존감만 갖추면 충분하다고 생각했다. 그러한 영어 자존감이 아이의 마음에 영어를 더 공부하고 싶다는 마음을 심어줄 것이라고 굳게 믿었다.

물론 중학교에서 내신을 관리하거나 고등학교 때 입시를 준비할 때에는 테스트나 시험이 필요하다. 하지만 초등학교 때는 평가를 통해 성적을 관리하는 일보다, '나는 지금보다 영어를 더 잘할 수 있을 거야'라는 마음을 심어주는 일이 훨씬 더 중요하다. 초등 시절은 영어에 대한 추진력을 축적하는 시간이지 무작정 쏘아 올리는 시간이 결코 아니다.

다행히 첫째 아이는 초등학교 때 쌓은 영어에 대한 자신감을 바탕으로 중학교와 고등학교 시절 내내 누가 시키지 않아도 스스로 영어를 공부했다. 모르는 것이 생기면 학교 영어 선생님에게 물어보겠다고 말하며 엄마의 도움은 필요 없다고 손사래를 치기도 했다. 당시 일을 새로 시작한 엄마를 배려하는 마음과 사춘기의 반항기 어린 마음이 반씩 뒤섞인 행동이었겠지만, 그 근원에는 초등학교 시절 켜켜이 누적된 영어 자존감이 자리하고 있었다는 것을 잘 알고 있다.

메타인지 능력이 엄마표 영어에 미치는 영향

지난 수년간 엄마표 영어를 고민하는 부모들을 수없이 상담하면서, 과거 내가 아이에게 수학 문제를 가르칠 때와 비슷한 방식으로 아이 영어 교육에 접근하는 모습을 봐왔다. 나는 그런 부모들에게 자신과 아이의 '메타인지 능력'을 점검해보라고 조언한다. 메타인지 능력은 내가 지금 무엇을 알고 무엇을 모르는지 스스로 성찰해 더 나은 '배움'을 위해 무엇을 수정하고 보완해야 할지 파악하는 힘이다. '내가, 혹은 내 아이가 얼마만큼 할 수 있는지에 대한 주체적인 판단 능력'이라고 정의할 수 있다. 어려서부터 부모나 교사가 설계한 학습 내용을 일방적으로 수용하기만 한 아이는 자신이 무엇을 알고 무엇을 모르는지 파악하지 못한 채 진도에만 휩쓸려 나이를 먹게 된다. 하지만 스스로의 위치와 나아갈 방향을 파악하고 있는 아이는 같은 시간을 공부하더라도 훨씬 더 큰 성취를 이뤄낸다.

영어도 마찬가지다. 지금 내게 부족한 부분이 무엇인지, 그 부족한 부분을 채우려면 오늘은 어디서부터 어디까지 공부해야 하는지를 스스로 찾아내는 아이가 더 오래, 더 즐겁게 영어 공부를 지속한다. 그렇다면 아이의 영어 공부에서 메타인지 능력을 키우고 영어 자존감을 높이는 가장 빠른 길은 무엇일까?

다음은 내가 블로그에 올렸던 '내 아이의 영어 메타인지 능력을 떨어뜨리는 방법'이라는 제목의 게시물을 다듬은 것이다. 이제부터 아래의 조언과 완전히 반대로 실천하면 된다. 이 글을 읽고 과연 내가 우리 아이의 메타인지 능력을 길러주고 있는지, 아니면 무너뜨리고 있는지 점검해보자.

첫째, 의심하세요. 아이가 영어 콘텐츠에 몰입해 즐길 시간을 주지 마세요. 엄마가 아는 것이 전부입니다. 아이가 스스로 궁금해하거나 자꾸 질문하지 않으면 너무 좋아요. 쓸데없는 시간을 뺏기지 않고 부모가 세운 목표 학습량을 빠르게 채울 수 있으니까요!

둘째, 영어 시험을 준비할 때에는 채점을 다 해주고 답을 바로바로 알려주세요. 틀리면 꾸중은 덤입니다. 아이가 문제 자체를 다시 쳐다보고 싶지도 않게 말이에요. 혼나는 순간의 그 안 좋은 기분이 아이 마음속에 계속 남아 있을 테니까요. 아이를 절대 믿지 마시고, 채점은 부모가 직접 해야 합니다. 그래야 틀린 문제를 갖고 아이를 다그칠 기회가 많아집니다. 틀린 문제가 많다면 그만큼 얼굴을 찌푸리고 꾸중해야지 아이가 스스로 생각할 기회가 줄어듭니다.

셋째, 영어에 몰입하는 시간과 방법을 부모가 정하고 무조건 매일 빠짐없이 시킵니다. 아이가 약속을 지키지 못할 때마다 "또 어겼어?"라고 말하며 불신감을 표현하는 것은 기본입니다. 아이보다 인생을 더 많이 산 부모의 능력만을 믿으세요. 아이를 잘 키운 전문가나 명문대 합격생이 하는 말은 특히 무조건 믿으세요. 저 집이 하는 대로 따라만 가면 다 해결이 될 것이라고 생각하세요. 그러니 부모가 직접 학습 루틴을 짜고 아이에게 강요하세요.

넷째, 집에서 영어를 공부시키는 게 너무 힘들다면, 그리고 '아이표 영어'로 넘어갈 기미가 도저히 보이지 않는다면 그냥 학원에 보내세요. 학원 선생님에게 의존하세요. 그중에서도 정해진 로드맵에 따라 객관식 단답형 문제만 많이 풀게 하고 숙제를 잔뜩 내주는 학원이 최고입니다. 특히 공부를 잘하는 아이들만 가득한 학원에 보내면 아이가 자신의 무능함을 더욱 선명하게 깨닫곤 '학습된 무기력'에 빠져 메타인지 능력이 빠르게 바닥날 것입니다.

다섯째, 각종 교육 광고를 모두 다 섭렵하세요. 광고를 하는 전문가들 앞에서 당신의 생각일랑 하찮은 것으로 치부하세요. 명심하세요. 엄마의 메타인지 능력이 떨어져야 아이의 메타인지 능력도 떨어집니다. '이 교육이 정말 필요한가?' 자꾸 이런 생각을 하면 메타인지 능력이 커지니 주의하세요.

이제 충분히 이해하셨죠? 당신의 아이가 인생을 살아갈 때 가장 필요한 이 메타인지 능력을 떨어뜨리는 방법을!

영어, 수학이 도대체 뭐라고 세상에서 가장 사랑하는 내 아이와의 관계가 단절될 때까지 그저 손 놓고 지켜보기만 해야 할까. 아이와 연결된 끈을 이어갈 노력을 게을리해서는 안 된다. 가정에서 이루어지는 교육이 효과를 보려면 아이와 좋은 관계를 형성하는 것이 기본이다. 관계가 한번 어긋나면 아이는 더 이상 부모의 말을 들으려 하지 않을 것이다.

우리 아이는
당장 어떻게 시작할까요?

들을 수 있고 말할 수 있는 영어를 아이에게 선물해주려면 지금 당장 집에서 무엇을 해야 할까? 지난 수년간 다양한 수준의 아이들을 지도하며 쌓은 엄마표 영어 경험을 토대로 구체적인 사례를 정리해봤다. 각 가정마다 지향하는 교육관과 목표가 다르고, 아이가 처한 여건도 모두 다르므로 아이의 성향과 학습 수준에 따라 전혀 다른 엄마표 영어 레시피가 나올 수 있다. 여기서 제시하는 사례를 참고해 우리 아이에게 가장 적합한 엄마표 콘텐츠 영어를 설계해보자.

영어 노래만 가끔 들려준 6세 아이

영어를 처음 시작하는 단계

읽기	아이가 직접 고른 영어 그림책 매일 자기 전에 읽어주기
듣기	아침에 일어나 유치원 등교를 준비할 때 전날 보았던 키즈 애니메이션을 틀어줘 귀로만 듣게 하기
영상 보기	유치원 하교 후 아이가 좋아하는 영어 영상 콘텐츠 틀어주기(매일 1시간 내외)

지금까지 파닉스 학원만 다닌 초등학교 2학년 아이

영어 영상 노출이 제로인 수준

읽기	매일 한 권 이상 영어책 함께 읽기(매일 10분 이상)
듣기	직접 영어책을 읽어주거나 온라인 스토리북을 통해 다양한 영어 듣기 습관 만들어주기
영상 보기	영어 영상 자막 없이 보기 - 하루 30분부터 시작해 6개월 안에 하루 1시간 이상 이 되도록 조금씩 시청 시간 늘려가기 - 처음부터 잘 본다면 하루 시청 시간을 1시간 이상으로 조정하기

영어 학원에서 영어 읽기 기초 능력을 쌓은
초등학교 3학년 아이
간헐적으로 영어 영상에 노출되었던 수준

읽기	매일 영어책 혼자 읽기(혹은 집중 듣기) - 하루 10분부터 시작해 습관이 되도록 정착시키기 - 읽은 책에서 몰랐던 영어 어휘를 찾아 노트나 개인 칠판에 쓰기(5~10개) - 우리말 뜻을 직접 찾은 뒤 부모님에게 말하기
영상 보기	영어 영상 보기 습관 유지하기(매일 90분 이상)
말하기	영어책 낭독 혹은 따라 말하기(매일 5분 이상) - 유튜브 영어책 낭독 영상 또는 영화 클립 영상 섀도잉으로 대체 가능

영어 도서관에 다니며 '집중 듣기'를
2년 이상 꾸준히 한 초등학교 6학년 아이

매일 1시간 이상 영어 영상 보기 3년 차

읽기	매일 자유롭게 영어책 읽기 습관 유지하기 (낭독이나 묵독)
영상 보기	유튜브에서 스스로 찾은 영어 영상 보기 (매일 1시간 내외)
쓰기	자유 주제의 글쓰기(주 1~2회) - 논픽션 어휘력 향상을 위해 주 2회 영어 신문이나 잡지 기사 읽기 - '영어 독해 코스북'을 풀어보고 몰랐던 어휘 학습하기(주 1회) - 가장 쉬운 기초 문법 교재를 정해 인터넷 강의로 학습 시작하기(주 1~2회)

'영상 보기'보다 '집중 듣기'를
더 좋아하는 내성적인 초등학교 4학년 아이
매일 1시간 이상 영어 영상 보기 4년 차

읽기	영어책 묵독 혹은 집중 듣기 (재미있었던 부분 10분 이상 나지막이 낭독하기)
영상 보기	스스로 시간을 결정해 영어 영상 보기 (매일 30분 이상)

쓰기	자유 주제의 글쓰기(주 1~2회)
	
	- 다섯 줄부터 시작, 모르는 표현은 한영 사전을 직접
	  찾아 문장 만들어보기
	- '영어 독해 코스북'을 풀어보고 몰랐던 어휘 학습하
	  기(주 1회)
	- 학교의 원어민 선생님과 간단한 편지 왕래 시도하기

영어 회화 실력을 키우고 싶은 초등학교 5학년 아이

연예인이나 영어 콘텐츠 크리에이터를 지망하는 아이

읽기	영어책 묵독 (매일 10분 이상)
듣기	좋아하는 주제의 영어책 집중 듣기(매일 10분 이상) - 충분한 듣기 노출을 1년 이상 했다면 원어민 화상 영 어 시작하기
영상 보기	흥미 있는 분야의 영어 영상을 자막 없이 보기 (매일 2시간 이상)
말하기	재미있었던 영어책이나 영화 클립 영상을 보며 섀도잉 연습하기(매일 20분 이상)

아이를 영어와 사랑에 빠지게 하는
부모의 말하기 습관

아이의 자존감을 두 번 죽이는 말

결국 아이와의 관계는 부모의 말이 만든다. 만약 아이가 부모와 함께하는 학습 시간을 부담스러워한다면, 자꾸만 혼자서 공부하려고 한다면 평소 아이에게 어떤 언어를 구사하는지 스스로의 말하기 습관을 점검해보자. 좋은 부모라면 아이가 영어에 대한 흥미를 계속 유지할 수 있도록 '붙잡아줄 말'을 구사할 줄 알아야 한다. 굳게 닫힌 아이의 마음을 열려면 우리는 어떻게 말해야 할까?

지난 수년간 교습소 등에서 다양한 아이들과 영어를 공부하다보니 아이들의 눈높이에 맞춰 소통하는 기술을 저절로 익히게 됐다. 수업 시간에 감정을 주체하지 못하고 폭력을 쓰는 아이를 어떻게 진정시켜야 할지, 기분이 안 좋아 교습소에 오자마자 얼굴을 찡그리고는 마지못해 앉아 있는 아이에게 어떤 말을 건네야 할지 난감할 때가 한두 번이 아니었다. 기분이 들쭉날쭉한 아이들 틈바구니에서 수업을 이끌어가는 일조차 내겐 너무나 버겁고 힘겨웠다.

사실 나는 청년 시절부터 청소년 아이들을 상담하고 가르치는 것에 관심이 많았다. 그러나 아이들을 직접 키우다 보니 정작 내 아이들과의 관계조차 종종 힘에 부칠 때가 많았다. 내 아이를 직접 키워보지 않았다면 누군가를 좋은 방향으로 이끄는 일이 얼마나 힘들고 혼란스러운지 알 수 없었을 것이다. 누군가를 가르친다는 것은 곧 나 자신을 마주 보고 끝없이 성찰하는 일과 같았다.

소중한 첫아이에게 난생처음 학습이란 것을 시키며 그동안 배워온 온갖 교육 이론의 허상을 깨달은 뒤 나는 겸손해졌다. 부모가 되면 누구나 느낀다. 이 세상에 내 아이에게 꼭 맞는 완벽한 스승은 없다는 것을. 그러나 집에서 엄마표 영어를 시작하며 점점 아이와 눈높이를 맞춰가기 시작했고, 아이의 마음을 헤아려 합을 맞추는 요령을 터득했다. 아이가 정말로 원하는 것이 무엇인지, 내가 아이에게 원하는 것을 어떻게 얻을 수 있는지에 대해 공부하는 마음으로 하나씩 배워나갔다.

교습소에서 만난 한 초등학교 3학년짜리 아이가 기억이 난다. 영어 공부가 세상에서 제일 싫었던 아이는 내가 새로 구입한 가구에 네임펜으로 "영어쌤 싫어"라고 낙서를 했다. 유치원에 다닐 때부터 여러 번 영어 공부를 시도했지만 좀처럼 재미와 흥미를 느낄 수 없어서 영어라는 언어 자체가 너무나 싫었던 것이다. 그러니 처음 만난 영어 선생님인 나를 보고 다짜고짜 좋지 않은 감정을 느끼게 될 수밖에 없었다. 수업이 시작되면 마지못해 내가 읽어주는 영어책을 듣기는 했지만 이미 정신은 다른 곳을 향해 있었다. 아이는 '영어'라는 세계에 좀처럼 마음을 주지 않았다. 대체 이 아이에게 어떤 일이 있었길래 이토록 영어를 증오하게 된 걸까?

부모라면 아이에게 꼭 해야 하는 말들이 있다. 그 어떤 변명도 용납하지 않고, 단호하고 결연하게 아이를 꾸짖어야 할 때가 있다. 이런 강력한 확신을 갖고 일부러 더욱 모질게 아이를 야단치지만 오히려 마음에 상처를 더 깊게 입는 쪽은 부모다. 엄마표 영어를 부모들에게 가르치며 한 가지 느낀 것이 있다. 부모가 아이 때문에 화를 내는 이유는 너무나 다양하지만, 결정적으로 아이를 멀리 달아나게 만드는 부모의 말실수는 전부 비슷하다는 것. 그럴 때마다 내게 와 자신의 잘못과 후회를 회개하듯 토해내는 부모들을 바라보며 내가 초보 엄마이던 시절 아이에게 내뱉었던 말들을 떠올린다.

"다른 집 애들은 학원에서 매일 100개씩 영어 단어 외운다던데 넌 어쩔래?"
"너는 어떻게 이렇게 마음이 무사태평이야. 강남에 사는 애들은 벌써 몇 년이나 일찍 선행 학습을 한다더라!"

부모와 아이라는 관계를 떠나서, 같은 어른끼리라도 이런 말을 하는 사람과는 더 이상 대화를 하기가 싫지 않을까? 하물며 가장 사랑하고 의지하는 부모님에게 이런 말을 듣는다면 아이의 내면에 어떤 감정이 둥지를 틀까? 당장은 나이가 어리고 미숙해 부모에게 반박하진 못하지만 아이는 자신이 들었던 모진 말을 가슴에 차곡차곡 품은 채 나이를 먹어갈 것이다.

"겨우 이 정도 갖고 만족하려고? 이 정도는 누구나 해."
"100점 받으면 사주려고 했는데 하나 틀려서 안 되겠네."

큰아이는 중고등학교 시절 늘 그 누구보다 열심히 공부했지만 시험에서 실수를 해 기대 이하의 성적을 받을 때가 많았다. 혹자는 '실수도 실력'이라고 말하지만, 아이가 얼마나 노력했는지 잘 알기에 그 말을 받아들이는 것이 너무나 힘겨웠다. 아이는 그동안의 모든 노력이 몇 개의 숫자로 판가름된 상황 앞에서 큰 상실감을 느꼈다.

잃어버린 영어 자신감을 되찾게 해주는 대화법

이럴 때 부모는 어떻게 말해야 할까? 한두 문제 때문에 등급이 떨어지면 아이보다 오히려 부모가 더 크게 낙담한다. 하지만 실망감은 잠시 잊고, 좌절감에 빠져 주저앉은 아이를 다독여주자. 내가 사용하는 대화법은 이것이다. 일단 온전히 '공감'하고, 긍정적으로 '평가'하고, 진심을 다해 '격려'하기.

> "열심히 노력했는데 만족스러운 결과가 나오지 않으니 정말 힘들겠다(공감). 실수란 원래 원인을 파악해서 다음에 수정하기 위해 곰곰이 한번 생각해보라는 신호일 뿐이야(평가). 그동안 우리 딸 정말 고생했다. 이제 좀 쉬어. 너는 충분히 열심히 했으니 이제는 마음껏 쉬어도 돼(격려)."

중요한 것은 아이에 대한 믿음이다. 앞으로 더 잘해내리라는 믿음이 없다면 아이를 다그치고 몰아붙일 수밖에 없다. 하지만 부모가 옆에서 아무리 야단법석을 떨어도 아이 마음에 스스로 불이 켜지지 않는 이상 물은 끓지 않는다. 부모의 말이 아이에게 미치는 영향을 생각한다면 이제라도 바뀌어야 한다.

영어가 너무 싫어 "영어쌤 싫어"라고 낙서를 했던 그 아이는 어느덧 중학생이 되었다. 이제는 영어책도 스스로 잘 읽어오고 종종 자기가 가장 좋아하는 초콜릿을 내게 선물하기도 한다. 만나기만 하면 얼굴부터 찌푸렸던 아이가 이제는 내게 웃으며 인사하게 된 것도 기분이 좋지만, 다른 무엇보다 영어에 마음을 열게 된 것이 더 기쁘다. 이 아이가 이렇게 변하기까지는 물론 노력이 필요했다. 영어 앞에서 꾹 닫힌 아이들의 마음 문을 활짝 여는 방법은 사실 매우 간단하다.

대화를 나누는 시간 동안만큼은

아이를 이 세상에서 가장 중요한 사람으로 여기기.

그리고 언제나 한 사람의 인격체로 아이를 존중하기.

사람은 누구나 자신이 중요하다는 사실을 확인받고 싶어 한다. 아이들도 마찬가지다. 친구들에게서 인정받으려고 노력하기도 하지만, 사실 가장 많은 시간을 함께 보내고 가장 중요하게 여기는 사람인 부모에게 인정에 대한 욕구를 훨씬 더 크게 느낀다.

아이들이 대단한 것을 원하는 것도 아닌데 왜 우리는 칭찬을 기대하는 아이의 눈망울을 무시하고 자꾸만 모진 소리를 내뱉는 걸까? 자식을 중요하지 않게 여기는 부모가 있을까? 그러나 일 때문에, 스트레스 때문에 아이들에게 신경을 쓰지 못하는 상황은 생각보다 흔하다. 학창 시절을 떠올려보자. 내가 가장 좋아했던 선생님은 조금이나마 내게 관심을 가져주고 내 이야기에 귀를 기울여줬던 분들이다. 아이들이 느끼는 것도 이와 비슷하지 않을까? 아이를 정말 사랑한다면 그 사랑만큼 아이를 존중해주자.

누구나 아이가 생기면 친구 같은 부모가 되겠노라 다짐한다. 그러나 이상하게도 애틋하기만 했던 시간이 지나 아이가 학령기에 접어들면 어느새 훈계와 강요가 잦아지고 친구가 되겠다는 다짐은 눈 녹듯 사라진다.

물론 그 이면에는 아이가 잘 자라기를 바라는 마음이 있다는 것을 안다. 하지만 아이들 역시 점점 나이를 먹으며 부모의 일방적인 가르침에 무작정 따르기보다는 자신을 드러내며 인정받고 싶은 마음이 커진다. 부모의 간섭을 거부하면서도 한편으로는 부모의 공감을 바라는 것이다. 그런데 부모는 아이들의 이러한 마음을 자신의 권위에 대항하는 것으로 간주하고 자꾸만 가르치려고 든다. 훈육만을 일삼다 보니 아이들이 느끼는 부모와의 거리감은 점점 커진다.

The eyes have one language everywhere.
(눈이라는 언어는 언제 어디서나 통한다.)

영국의 목사이자 시인인 조지 허버트George Herbert가 남긴 말이다. 인간이기에, 그리고 부모 역할이 처음이기에 누구나 실수할 수 있다. 하지만 아무리 감정이 휘몰아쳐도 우리가 부모라는 사실을 잊지 말자. 그리고 요동치는 마음을 부여잡고 세상에서 가장 사랑하는 아이의 눈을 바라보자. 아이가 무엇을 원하는지, 무슨 말을 듣고 싶어 하는지 곰곰이 생각해보자. 모든 답은 아이의 눈에 담겨 있다.

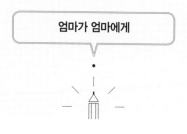

엄마가 엄마에게

"엄마표 영어가 잘되고 있는데
따로 뭔가를 더해도 될까요?"

7세 아이를 둔 엄마입니다. 아이에게 수년째 영어 영상 콘텐츠를 꾸준히 보여주었더니 이젠 제법 영어로 말하기도 하네요. 이 정도로 아이가 영어를 해주는 것만으로도 너무 감사하지만, 왠지 제가 뭔가를 놓치고 있는 것은 아닌지 걱정이 됩니다. 이쯤에서 돈을 들여 화상 영어 수업이나 원어민 영어 회화 수업을 병행하면 어떨까요?

아이가 성과를 조금씩 보인다고 하니 정말 뿌듯하시겠어요! 아이의 성장을 지켜보는 기쁨이 여기까지 전해져 옵니다.

   부모의 마음이란 게 아이 영어 실력이 성장하는 속도가 너무 더뎌도 걱정이지만, 아이가 영어를 곧잘 해도 여전히 편하지가 않죠. 더 잘할 수 있는 아이인데 내가 아이를 방치하고 있는 것은 아닌지, 이제는 나보다 영어를 더 잘하는 전문가나 원어민 선생님에게 보내야 하는 것은 아닌지 불안합니다. 특히 영어를 잘 못하는 부모들은 아이의 영어 성장 정도를 제대로 가늠하기 어려워 더욱 초조해 합니다. 정말로 이제는 우리 아이를 외부의 전문가에게 맡길 때가 된 걸까요?

저희 큰아이 역시 원어민이 진행하는 영어 말하기 수업에 참여해 봤습니다. 제 아이와 제가 경험한 원어민 말하기 수업은 즉흥적인 말하기 연습보다는 미리 준비한 교재나 매뉴얼에 따라 의도적으로 대화 상황을 만들어 진행하는 수업이 대부분이었습니다. 한국인 교사나 아이의 부모가 조금만 연습하면 충분히 따라 할 만한 내용이었죠.

생각해보세요. 7세 아이와 어른이 우리말로 나눌 수 있는 대화 소재가 얼마나 될까요? 오늘 한 일은 무엇인지, 좋아하는 장난감은 무엇인지, 엄마가 미울 때는 언제인지 정도의 대화 내용이라면 굳이 원어민 선생님의 도움이 필요할까요?

아직 자녀의 나이가 어려 대화 소재가 제한적일 수밖에 없다면 굳이 돈을 들여 학원에 보낼 필요가 없다고 생각합니다. 게다가 계획하신 엄마표 영어가 순조롭게 진행되고 있다면, 괜히 아이가 영어에 대한 부담을 느낄 위험을 감수할 필요는 없겠지요. 아이가 자신의 생각을 영어로 표현하고 싶을 정도로 충분히 성장했을 때 원어민 선생님을 만나게 해도 늦지 않을 것입니다. 어떤 교육이든 비용과 시간 대비 효과는 늘 고려해야 할 문제이니까요.

부록

엄마표 콘텐츠 영어 Q&A

Q. 하나의 영상 콘텐츠를
  얼마나 반복해서 봐야 하나요?

아이에게 영어를 공부시키는 이유가 눈앞의 시험 성적 때문인가요? 아니면 수년간 자연스럽게 영어를 노출시켜 새로운 언어를 습득시키는 것인가요? 만약 후자라면 같은 영상 콘텐츠를 반복해서 보여줄 필요가 없습니다. 내용이 다른 영상일지라도 다양한 콘텐츠를 두루 접하다 보면 반복적으로 등장하는 영어의 구조와 맥락, 패턴과 어휘를 아이가 자연스럽게 습득할 것이기 때문이죠. 오랜 기간 영화 대사와 책의 지문을 모아 학습 자료를 만들어오며 제가 직접 경험한 사실입니다. 오히려 영상과 책 속 모든 문장과 어휘를 일일이 다 학습시키려고 아이가 열광하지 않는 콘텐츠를 반복해서 보여주다 보면 아이는 그나마 생기기 시작한 영어에 대한 흥미까지 잃을 것입니다. 하지만 예외도 있죠. 아이가 진심으로 재미있게 감상한 콘텐츠, 일명 '홈런 콘텐츠'를 만났다면 반복해서 보여줘도 괜찮습니다.

Q. 영상을 볼 때
자막을 꼭 가려야 하나요?

자막을 활용해 아이의 영어 읽기 능력을 키우는 것이 목적인가요? 아니면 엄마표 영어 초반 아이의 흥미를 깨우고 기초적인 듣고 이해하는 능력을 키워주는 것이 목적인가요?

언어 습득 초기에 '문자 습득'에만 지나치게 신경을 쓰다 보면, 듣고 이해하는 능력이 생기기도 전에 자꾸 읽고 이해하려 드는 습관이 형성되기 쉽습니다. 그러다 보면 영어 소리에 대한 청각적 예민함이 상대적으로 무뎌져 듣기 능력을 키우는 데 방해가 될 수 있죠.

우리가 영어를 공부했을 때처럼 듣기 능력이 형성되지 않은 채 읽고 이해하는 데만 지나치게 몰입하느라 실제 외국인과 소통할 수 있는 영어와 거리가 먼 영어를 익히게 하고 싶지 않다면, 초반에는 자막에 의존하지 않고 영상에서 쏟아지는 원어민의 말을 귀로 들으며 맥락을 통으로 이해하는 습관을 들이는 것이 매우 중요합니다.

처음부터 듣고 이해하는 능력이 마법처럼 생기지는 않습니다. 그러나 오랜 시간 반복적으로 듣다 보면 아이들은 우리가 생각하는 것보다 훨씬 더 빠르게 영어를 습득할 것입니다. 그러니 조금 불안하더라도 인내심을 갖고 아이들의 듣기 능력이 활짝 열릴 때까지 자막 없이 영상을 보여주세요. 영어 읽기 능력은 듣기 능력과는 또 다른 차원의 문제이니까 영어책이나 다른 텍스트 콘텐츠를 활용해 얼마든지 키울 수 있습니다.

Q. 영상 속 말이 너무 빠른 것 같은데 이런 영상을 아이가 소화할 수 있을까요?

EFL 환경에서 읽기 위주의 영어를 공부해 듣기 능력을 좀처럼 키울 수 없었던 어른들의 눈에는 웬만한 영어 영상 콘텐츠가 매우 어렵고 버겁게 느껴질 수 있습니다. 엄마표 콘텐츠 영어를 하기로 결심을 하고도 '과연 내 아이가 저렇게 빠른 말들을 다 알아들을 수 있을까?'하는 의구심 때문에 엄마표 영어를 중도에 포기하는 분도 많습니다.

아무리 어린아이가 보는 영상일지라도 듣기 능력이 전혀 개발되지 않은 상태에서는 내용을 따라가기가 쉽지 않을 수 있습니다. 콘텐츠의 맥락을 이해하는 능력이 생기기 전까지는 말이 빠르건 느리건 생소한 것은 마찬가지죠.

만약 아이가 해외의 영어권 가정에서 몇 년 거주하며 영어를 익힌다고 상상해볼까요? 아이가 경험하는 영어 소리의 어휘 수준과 빠르기가 어느 정도일까요? 속사포처럼 영어가 쏟아지는 텔레비전을 볼 수도 있고, 상점에서 점원과 영어로 간단한 대화를 나눌 수도 있겠죠. 물론 그 말들을 아이가 전부 이해하지는 못할 것입니다. 하지만 원어민 수준의 빠른 영어 소리를 일상에서 지속적으로 들으며 차차 이해력이 자라날 것입니다. 그러니 아이가 영상 콘텐츠 속 영어를 완벽하게 다 이해하지 못할까 봐 걱정할 필요는 없습니다. 처음에는 그저 아이에게 노출되는 영어 소리의 절대적인 양이 가장 중요하니까요.

아이 스스로 말이 빠른 영상을 보고 싶어 한다면, 그리고 그 영상을 가장 즐긴다면 아무 걱정하지 말고 보여주세요. 이와 동시에 아이의 하루 중 정서적으로 차분한 시간을 찾아 'Little bear'나 'Caillou' 같은 키즈 애니메이션 콘텐츠를 10~20분 정도 보여주세요. 이런 종류의 애니메이션에는 가정에서의 에피소드가 많기 때문에 마치 아이가 영어권 집에 머물며 자연스럽게 영어 소리에 노출되는 효과를 기대할 수 있습니다. 성우들의 발음 또한 또박또박 정확해서 듣기 능력의 기초를 쌓은 데 제격입니다. 혹여 아이가 이런 콘텐츠를 싫어한다면 그저 틀어놓고 '흘려듣기'라도 시켜주세요.

Q. 영어책을 읽을 때 제가 해석을 안 해주면 그림으로만 이해하는 것 같은데 괜찮나요?

영어로 된 텍스트를 문장 단위로 하나하나 해석하며 공부를 해온 저와 같은 세대의 부모들이 이런 질문을 많이 합니다. 하지만 부모가 겪었던 영어 학습과 우리 아이들이 겪고 있는 영어 습득 방식이 전혀 다르다는 것을 먼저 이해하시면 좋겠습니다.

집에서 엄마표 영어를 하는 아이들에게 영어란 학습의 대상이기 전에 그저 흥미진진한 이야기일 뿐입니다. 그런 이야기들을 영상과 책으로 수없이 접하다 보면 자연스럽게 영어라는 언어가 아이 몸에 쌓이는 것이지요. 영어 문장을 한국어에 맞춰 억지로 해석할 필요도 없고 영어 단어를 암기할 필요도 없습니다. 그저 영어 콘텐츠에 등장하는 다양한 캐릭터들이 처한 상황에 공감하며 대략적인 내용을 유추할 수 있게끔만 옆에서도 도와주면 충분하죠. 그렇게 수많은 콘텐츠를 거치다 보면 반복적으로 등장하는 단어나 기본 문장의 뜻 정도는 저절로 이해하게 될 것입니다.

만약 아이의 영어 실력보다 다소 수준이 높은 영상이나 책이라면, 옆에서 함께 시청하며 핵심적인 내용은 우리말로 해석해줘도 괜찮습니다. 하지만 그러한 개입 때문에 자꾸만 영상을 멈추고 아이의 몰입을 방해하면 안 됩니다.

그런데 제가 이렇게 말씀을 드려도 적지 않은 부모가 "아이가 단어도 모르는데 어떻게 내용을 이해하나요? 그냥 그림이나 영상만 보고 대충 내용을 이해하는 것 아닌가요?"라고 묻습니다. 그러면 저는 이렇게 되묻습니다. "시각 정보를 통해 내용을 유추하는 작업 없이 어떻게 처음부터 영어 콘텐츠를 즐길 수 있을까요?" 처음에는 말을 듣고 이해하는 것이 아니라 그림 등 이미지를 보고 내용을 상상하는 것이 맞습니다. 그러다가 점점 눈에 보이는 이미지와 귀에 들리는 영어를 연결해나가는 것이지요. 아이는 이런 과정을 거치며 전반적인 영어 이해력을 높여나갈 것입니다.

Q. 엄마표 영어가 잘 진행되고 있는지 어떻게 알 수 있나요?

아무래도 다른 교육 기관에 기대지 않고 집에서 아이와 단 둘이 영어를 공부하다 보니, 많은 부모가 지금 아이의 영어 실력이 다른 아이들과 비교해 어느 정도인지 궁금해 합니다. 이럴 때 대다수의 부모가 영어 학원의 '레벨 테스트'를 고려하곤 하죠. 그러나 그동안 내 아이가 집에서 어떤 내용으로 영어를 공부했는지 전혀 알지 못하는 전문가가 과연 아이의 영어 실력을 객관적으로 평가할 수 있을까요? 엄마표 영어를 경험해보지 못한 학원의 교사라면 우선 눈에 보이는 결과만을 평가의 기준으로 삼을 것입니다.

엄마표 영어를 진행한 아이들은 단어의 뜻을 전체 이야기의 맥락 속에서만 접해왔기 때문에 학원 레벨 테스트에 출제된 영어 단어를 우리말로 일일이 연결하지 못할 수 있습니다. 또는 이렇게 정해진 시간 안에 정해진 분량의 문제를 풀며 영어를 공부한 경험이 없기 때문에 자신의 영어 실력에 비해 형편없는 점수를 받기도 합니다. 그러나 듣기나 읽기 테스트를 해보면 굉장히 높은 점수를 받죠.

엄마표 영어를 계속 잘해오던 부모들이 불안한 마음에 학원에서 테스트를 받고 나면 자꾸만 아이의 '부족한 부분'이 머릿속을 맴돌기 시작합니다. 불안한 마음은 점점 증폭되고 결국 엄마표 영어에도 악영향을 미치죠.

따라서 아이가 충분히 영어에 몰입하고 즐기기 전까지는 레벨 테스트를 받지 않기를 권합니다. 테스트를 받더라도 그 시기를 최대한 늦추는 것이 좋습니다. 물론 지금 내 아이가 영어를 제대로 공부하고 있는지, 아이와 나만의 엄마표 영어가 앞으로 잘 나아가고 있는지 너무나 알고 싶다는 것을 저도 잘 압니다. 그렇다면 '현재 아이가 영어 콘텐츠를 듣고 읽는 활동을 즐기고 있는지, 그리고 그것이 일상에서 습관이 되었는지'를 척도 삼으시기 바랍니다.

아이가 영화나 책을 충분히 잘 이해하며 즐기고 있는데 굳이 테스트를 받을 필요가 있을까요? 테스트라면 앞으로 중학교와 고등학교에서 6년 내내 지겹도록 받을 텐데요. 초등학교 시절에는 그저 다양한 영어 콘텐츠를 폭넓게 경험하는 것이 중요합니다. 만약 아이의 영어 회화 실력을 테스트해보고 싶다면 화상 영어를 활용하시기 바랍니다. 또는 아이가 외국인과 만나 자연스럽게 소통할 수 있는 기회를 만들어보세요.

Q. 예능 영상만 좋아하고 영어 애니메이션은 도무지 안 보려 하는데 어떡하죠?

유튜브에는 영어로 된 다양한 오락 콘텐츠가 정말 많이 있습니다. 아이가 이런 콘텐츠에 한번 재미를 느끼면 다시 헤어나오기 쉽지 않죠.

하지만 아이가 이런 예능 콘텐츠를 본다는 것은 캐릭터 애니메이션 시청 및 영어책 읽기 등을 통해 귀가 어느 정도 트인 덕분일 수도 있습니다. 상대적으로 말이 빠르고 어휘량이 많은 예능 콘텐츠를 즐길 수 있다는 것은 그만큼 아이의 영어 실력이 향상됐다는 증거죠.

따라서 아이의 흥미와 취향을 존중해 하루 중 시청 시간을 정해 두고, 한편으로는 꾸준히 영어책 읽기와 애니메이션 '흘려듣기' 활동을 병행하기를 추천합니다. 여전히 듣기 경험을 쌓는 것이 더 필요하기 때문에 아이가 평소 재미있게 즐겼던 영상 콘텐츠를 틀어주고 자연스럽게 영어 소리를 접할 수 있게 신경 써주세요.

아이가 좋아하는 분야를 너무 무시하거나 의미 없는 활동으로 치부해선 안 됩니다. 엄마표 콘텐츠 영어의 핵심은 아이에 더 다양하고 더 많은 콘텐츠를 폭넓게 소개해주는 것이라는 점을 잊지 마세요. 효과를 극대화하려면 아이의 세계를 담을 수 있는 아주 넓은 울타리가 필요합니다.

그동안 아이 혼자 얼마나 힘들었을까

10여 년 전 어느 유명한 사교육 업체의 대표가 아이들이 꼭 'SKY' 에 가야 하는 이유에 대해 강연했다. 그의 말을 들은 뒤 나 역시 어떤 방법을 동원해서라도 우리 아이를 교육의 최상위층에 올려놓지 않으면 안 된다는 막연한 불안에 빠지기도 했다. 각종 공부법에 대한 서적을 읽으며 입시와 성적에 대한 정보를 모아 아이에게 은근히 종용하기도 했고, 애가 어떤 생각을 하고 있는지 알아내기 위해 틈틈이 말을 걸기도 했다. 빠르게 변하는 세상에서 아이가 뒤처지지 않기를 바라며 더 나은 길을 알려주기 위해 애썼다.

그런데 큰아이는 학년이 올라가고 내면이 성장할수록 학교에서 요구하는 '점수'라는 것이 자신의 꿈과 전혀 상관이 없다는 것을 깨달았고 그 괴리에서 오는 좌절감 때문에 괴로워했다. 딸아이는 다른 아이보다 '언어 능력'과 '자기 성찰 지능'이 높았지만 '수리 지능'은 상대적으로 낮았다. 아이만의 개별성과 잠재력을 믿었던 나는 일률적인 성적 평가를 통해서만 도달할 수 있는 '대입'의 관문에 점점 저항하고 싶어졌다. 딸아이 역시 막대한 비용과 시간을 소비하게 될 4년의 대학 생활이 자신의 삶에 꼭 필요한지 스스로 성찰했다. 아이는 결국 입시를 거부하고 다른 인생을 택했다.

딸아이가 내게 대학을 가지 않겠노라 폭탄선언을 했던 그날, 내 아이도 남들처럼 평범한 삶을 살아가길 바라는 마음에 잠시 흔들리기도 했다. 하지만 그 '남들의 삶'조차 반드시 평탄할 것이라고 장담할 수 없음을 지난 내 인생의 경험과 직관이 말해줬다. 나는 그날 단 하루 만에 혼란스러웠던 마음을 접고 아이를 지지해줬다.

오히려 그다음 날 무거운 수능 문제집들을 가방에 넣는 대신 평소 읽고 싶었던 책 한 권을 손에 들고 집을 나서는 아이의 모습에서 작은 행복과 기대감을 느꼈다. 입시라는 거대한 굴레에서 벗어나자 오직 우리 가족만의 인생에 집중할 수 있게 된 것이다. 마치 새로운 삶을 살고 새로운 일을 시작할 때 느끼는 설렘과 같았다.

이러한 설렘을 느끼기까지 많은 일이 있었지만, 그중에서도 결정적 계기가 되었던 것은 아이와 함께 시작한 엄마표 영어였다. 아이가 초등학교에 막 올라갔을 때였다. 우연히 접한 온라인 커뮤니티에서 엄마표 영어의 존재를 알게 됐다. 실제 원어민이 사용하는 생동감 넘치는 영어를 배울 수 있다는 사실에 금세 빠져들었고, 평소 아이와 내가 공유하고 있던 교육의 가치관과도 일치해 큰 고민 없이 엄마표 영어를 시작하기로 결심했다.

딸아이는 자기가 직접 고른 영어 영상을 보고 매일 내가 읽어 주는 영어책을 들으며 어느새 영어를 마치 친한 친구처럼 대하기 시작했고, 영화나 책에 등장하는 인물들의 삶과 용기를 엿보며 자기 내면의 목소리에 집중하기 시작했다. 초등학교에 입학했을 때만 해도 '전교에서 키가 제일 작은 아이'라고 불렸던 아이는 4학년이 되자 '전교에서 영어를 제일 잘하는 아이'로 유명해져 있었다. 그렇게 아이는 영어 공부를 통해 단단한 자존감을 쌓아갔고, 결국 지금은 자신이 선택한 길에서 새로운 도전을 즐기는 행복한 어른이 되었다.

얼마 전 교습소에서 아이들과 함께 《Time For Kids》잡지에 소개된 세계 여러 나라 아이들의 일상을 알아보는 시간을 가졌다. 그런데 그날 기사를 다 읽자마자 아이들이 무심코 이런 말을 던졌다.

"이 애들은 학원에 안 다니네요? 아, 완전 부럽다!"

아이들이 장난스럽게 던진, 그러나 가슴 아픈 진실이 담긴 말 한마디에서 이 책의 집필이 시작되었다. 분 단위로 촘촘하게 짜인 학원 스케줄에 꽁꽁 묶여 좀처럼 자신의 인생을 통찰할 기회를 얻지 못하는 아이들, 수많은 교과목에 둘러싸여 다채로운 삶의 경험을 누릴 기회조차 박탈당한 아이들. 이 아이들과 부모들을 생각하며 책을 썼다. 좀 더 많은 아이가 맹목적인 입시 공부라는 늪에서 빠져나와 자신이 진정으로 원하는 것이 무엇인지 발견하는 날이 하루빨리 오길 바란다. 내가 할 수 있는 일은 내가 경험한 놀라운 이야기를 더 많은 부모에게 전하는 것뿐이다. 부디 이 책이 그러한 기적의 시작이 되면 좋겠다.

지금까지 모국어 습득 방식의 엄마표 영어를 실천해온 수많은 증인인 선배 부모들, 그리고 이 길을 뒤이어 함께 따라오며 행복한 영어 추억 만들기를 이제 막 시작한 후배 부모들에게 깊은 감사의 마음을 전한다. 묵묵히 응원해준 사랑하는 내 모든 가족, 특히 자신만의 방식으로 '지금 여기'를 개척하며 살아가고 있는 이 책의 또 다른 주인공 딸 혜빈이에게 고맙고 사랑한다고 말하고 싶다. 끝으로 하늘 영광을 버리고 상대의 눈높이로 기꺼이 자신을 낮춰 진정한 사랑을 가르쳐주신 그분께 감사하다.

기적의 콘텐츠 영어 수업

초판 1쇄 발행 2020년 10월 13일
초판 3쇄 발행 2021년 11월 12일

지은이 이해성
펴낸이 김선식

경영총괄 김은영
기획편집 성기병 **디자인** 윤유정 **크로스교정** 조세현 **책임마케터** 이고은
콘텐츠사업1팀장 임보윤 **콘텐츠사업1팀** 윤유정, 한다혜, 성기병, 문주연
마케팅본부장 이주화 **마케팅2팀** 권장규, 이고은, 김지우
미디어홍보본부장 정명찬
홍보팀 안지혜, 김재선, 이소영, 김은지, 박재연, 오수미, 이예주
뉴미디어팀 허지호, 임유나, 배한진 **리드카펫팀** 김선욱, 염아라, 김혜원, 이수인, 석찬미, 백지은
저작권팀 한승빈, 김재원 **편집관리팀** 조세현, 백설희
경영관리본부 하미선, 박상민, 김민아, 윤이경, 이소희, 이우철, 김재경, 최완규, 이지우, 김혜진

펴낸곳 다산북스 **출판등록** 2005년 12월 23일 제313-2005-00277호
주소 경기도 파주시 회동길 490
전화 02-702-1724 **팩스** 02-703-2219 **이메일** dasanbooks@dasanbooks.com
홈페이지 www.dasan.group **블로그** blog.naver.com/dasan_books
종이 (주)한솔피앤에스 **출력·인쇄** 갑우문화사

ⓒ 2020, 이해성

ISBN 979-11-306-3182-0 (03370)

다산북스(DASANBOOKS)는 독자 여러분의 책에 관한 아이디어와 원고 투고를 기쁜 마음으로 기다리고 있습니다.
책 출간을 원하는 아이디어가 있으신 분은 다산북스 홈페이지 '투고원고'란으로 간단한 개요와 취지, 연락처 등을 보내주세요.
머뭇거리지 말고 문을 두드리세요.